AF371004

CATALOGUE DE LIVRES

en vente

aux prix marqués

—

1er JUIN

PARIS

Th. BELIN

29, QUAI VOLTAIRE

1896

1799. About (E). La question romaine Bruxelles, Cans, 1859, in-8 br. couv. n. rog.   3 fr.

1800. Abrégé de l'histoire des Roys de France, avec les effigies, tirées ces plus rares et excellents cabinets de la France. A Rouen, chez Louys du Mesnil, 1624, in-8, maroq. La V°ll. jans. dent. int. tr. dor.   40 fr.

> Nombreux portraits gravés sur bois · plus une planche également gravée sur bois représentant un supplice

1801. Album des mémoires du Roy. Joseph. Paris, Corréard, s. d., in-fol. demi-rel. chag.   10 fr.

> Contenant 20 planches dessinées par Yung et gravées par MM. Rouarge et Lalaisse.

1802. Alliance des Jacobins de France avec le ministère Anglais : les premiers représentés par le C°ⁿ Méhce, et le ministère Anglais par MM. Hamond, Yorke, et les lords Pélham et Havokesbury, suivie des stratagèmes de Fr. Drake, sa correspondance, ses plans de campagne. etc. Paris, Germinal an XII in-8 demi-percal. rouge n. rog.   3 fr.

1803. Almanach des honnêtes gens, pour l'année 1801. Paris, Michel, in-18 br. n. rog.   2 fr.

1804. Almanach des muses. Paris, Delalain, 1766-1770, 5 vol. in-12 veau. Armes des Montmorency.   12 fr.

1805. Almanach du Comté de Bourgogne pour l'année bissectile 1788. A Besançon. De l'imprimerie de Fr. Couche. in-18 br.   3 fr.

1806. Amateur d'Autographes (L'). Revue historique et biographique. Paris, Charavay, de l'origine 1862 au 16 décembre 1871. Ensemble 3 vol. in-8 demi-chag. noir et le reste en livraisons.   25 fr.

1807. Anquetil. Histoire de France depuis les Gaulois jusqu'à la mort de Louis XVI, continuée jusqu'au sacre de Charles X par Gallois Paris, 1829, 15 vol. in-8 de demi-rel.   15 fr.

1808 Aretini (Leonardi) de bello Italico adversus Gothos gesto historia, nunc prinum edita. Parisiis, apud sim. Colinœum, 1534, in-8 mar. vert du Levant à nerfs, fleuron, XVI° siècle sur les plats dent. int. tr. dor. (Capé).   50 fr.

> Bel exemplaire.

1809. Arlincourt (V°ᵉ D'). Charlemagne ou la caroléide, poëme epique en 24 chants. Paris, Lenormant, 1818, 2 vol. in-8, cart. n. rog.   5 fr.

> Ouvrage orné de gravures dessinées par Horace Vernet et un plan.

1810. Arnaudtizon. Exploration commerciale dans les mers du sud et de la Chine. Rouen, 1854, gr. in-8 demi rel. vélin.   1 fr. 50

> Envoi d'auteur.

1811. Arnoldiana ou **Sophie Arnould** et ses contemporaines ; recueil choisi d'anecdotes piquantes, de réparties et de bons mots de M°ᵉ Arnould. Paris, Gérard, 1813, in-12 demi-mar. vert, coins.   3 fr.

1812. Art poétique Françoys, pour l'instruction des ieunes studieux et encor peu auancez en la Poësie Françoyse : Auec le Quintil Horatian sur la defense et illustration de la langue Françoyse. Auquel est inseré à la fin vn recueil de Poësie Françoyse pour plus facilement entendre ledict art. — Recueil de plusieurs petites poesies ioyeuses pour recreer le lisant... A Paris, Par la veufue Françoys Regnault, 1555, 2 part. en un vol. in 16 mar. rouge jans., dent. int, tr. dor. (Trautz-Bauzonnet).   100 fr.

> Réimpression du traité de Thomas Sibilet. Le Quintil Horatian est de Charles Fontaine. C'est une réponse à la Défense et Illustration de la langue francoise, de Joachim du Bellay.

1813. Atkinson and J. Walker. A picturesque représentation of the manners, customs and amusements of the Russians. London, Bulmer, 1803, 3 tomes en 1 vol. in-fol., cuir de russie, dos orné, tr. dor. 250 fr.

> Portrait d'Alexandre 1ᵉʳ et 100 planches coloriées.

1814. Audiffret (D'). Système financier de la France. Souvenirs de ma carrière. Paris, 1876, in-8 demi-rel. chagrin rouge.   2 fr.

1815. Audin. Histoire de la vie des ouvrages et des doctrines de Calvin. Paris, Maison, 1845, in-12. br.   3 fr.

1816. Aulii Gellii. Luculentissimi scriptoris, noctes atticæ : Apud Séb. Gryphium Lugduni 1550. pet. in-8 veau.   6 fr.

1817. Autographe (L'). Evènements de 1870-1871, 2ᵉ série, préface par M. Alph. Karr. Paris, 1872, in-4 obl. demi-rel. toile.   8 fr.

1818. Baïf. Les Jeux de Jan Antoine de Baïf. A Paris, pour Lucas Breyer 1572, in-8, maroq. rouge, dent. int., tr. dor. (Chambolle Duru).   175 fr.

Exempl. aux armes de Villeneuve-Trans.

1819. Baïf. (Les amours) de Jan Antoine de Baïf. A Paris, pour Lucas Breyer, 1572, in-8, maroq. rouge, dos orné, fil., dent. int., tr. dor. (Chambolle-Duru). 150 fr.

1820. Baïf. (Les Passe-tems) de Jan Antoine de Baïf. A Paris, pour Lucas Breyer, 1573, in-8, mar. rouge, dos orné, fil., dent. int., tr. dor. (Chambolle-Duru). 150 fr.

1821. Baour de Lormian. L'Atlantide, ou le Géant de la montagne bleue, poëme en quatre chants. Recueilli et publié par Baour de Lormian. Paris, chez Brunot Labbé, pet. in-12 veau. 3 fr.

Orné de 4 figures par Desenne.

1822. Barbey d'Aurevilly (J.) Le Chevalier des Touches. Paris, Lévy, 1864, in-12, cart., toile, tête jasp. non rog. couv. 4 fr.

Edition originale.

1823. Barbey d'Aurevilly. Du Dandysme et de G. Brummel. Paris, Poulet-Malassis, 1861, pet. in-12, demi-veau vert. 3 fr.

1824. Barron (Louis). Les fleuves de France. La Seine. Paris. Renouard, s. d., gr. in-8 cart. de l'éditeur, tr. dor. 8 fr.

Ouvrage orné de 176 dessins par A. Chapon.

1825. Barthélemy et Méry. Napoléon en Egypte, Waterloo et le fils de l'homme, précédés d'une notice littéraire par M. Tissot. Paris, E. Bourdin, s. d., gr. in-8 demi-rel. chag. r. 10 fr.

Edition illustrée par Horace Vernet et Hte Bellangé.

1826. Barthet (Armand). La Fleur du panier, poésies. Paris, J. Dagneau, 1853. — Eug. de Porry : Uranie, poéme mystique suivi de poésies diverses. Marseille, 1850. Ensemble 1 vol. in-12, demi chag. violet, tête jasp. n. rog. 3 fr.

Envoi d'auteur.

1827. Batissier (Louis). Eléments d'archéologie nationale, précédés d'une histoire de l'art monumental, chez les anciens. Paris, Leleux, 1843, in-12 vélin blanc, fil. 3 fr.

Figures dans le texte.

1828. Batissier (L.). Histoire de l'art monumental dans l'antiquité et au Moyen-Age suivi d'un traité de la peinture sur verre. Paris, Furne,

1860, gr. in-8 fig. demi-rel. veau fauve. 8 fr.

1829. Batteux. Les Beaux-Arts réduits à un même principe. Paris, 1747, gr. in-8, maroq. rouge, fil., tr. dor. (Derôme). 150 fr.

Exemplaire papier de Hollande avec frontispice gravé et vignette sur le titre par Eisen. Reliure ancienne très fraîche.

1830. Beaux-Arts (Les) et les Arts Décoratifs, à l'exposition de 1878, sous la direction de M. Louis Gonse (L'Art moderne et l'Art ancien). Paris, Gazette des Beaux-Arts, 1879, 2 vol. gr. in-8 br. 12 fr.

Eaux-fortes hors texte et dessins dans le texte.

1831. Bellori (J.-S). Veteres arcus augustorum triumphis insignes ex reliquis quæ Romæ adhuc supersunt. Romæ, 1690, in-fol. vélin bl. 20 fr.

52 planches.

1832. Benaven (Jean Michel). Le Caissier Italien, ou l'art de connoître toutes les monnoies actuelles d'Italie : ainsi que celles de tous les états et princes de l'Europe qui y ont cours. Avec le détail des productions de l'Italie, les usages pour les lettres de change, la manière de faire les payements, les poids, mesures et autres objets relatifs au commerce. S. l., 1787, 2 vol. in-fol. veau. 20 fr.

Ouvrage recherché, contenant 173 planches.

1833. Béranger. Chansons. Paris, Perrotin, 1859, 2 vol. — Dernières chansons. Paris, Perrotin, 1860, 1 vol. — Ma biographie. Paris, Perrotin, 1860, 1 vol. — Musique des chansons de Béranger. Paris, Perrotin, 1858, 1 vol. — Correspondance par Paul Boiteau, 1860, 4 vol. Ens. 9 vol. in-8 demi-rel. chag. vert. 40 fr.

Figures de Charlet Lemud Grandville. Tony Johannot, etc.

1834. Bérenger (L.-P.). Les soirées provençales ou lettres de M. L. Bérenger, 3e édition, revue et augmentée. Paris, Durey, 1819, 2 vol. in-12 demi-veau. 3 fr.

1835. Bernal Diaz del Castillo. Histoire véridique de la conquête de la nouvelle Espagne. Paris, Masson, 1877, in-8 demi-rel. chag. rouge. 10 fr.

Cartes. Envoi d'auteur.

1836. Bernardin de Saint-Pierre. Paul et Virginie (et la chaumière indienne. Paris, L. Curmer, 1838, gr.

Et de Livres anciens et modernes

in-8, port. et fig. demi-rel. chag. rouge.   35 fr.

Le portrait de Mme Curmer se trouve dans cet exemplaire.

1837. Beroalde de Verville. Le moyen de parvenir, œuvre contenant la raison de tout ce qut a esté, est et sera. Avec démonstratkns certaines et nécessaires, selon la rencontre des effets de vertu. Et adviendra que ceux qui auront nez à porter lunettes s'en serviront, ainsi qu'il est escrit au dictionnaire à dormir en toutes langues, S. recensuit sapiens ab A, ad Z. Nunc ipsa vocat res, Hac iter est. Æneid, IX, 320. Imprimé cette année (Hollande), s. d., pet. in-12 de 439 pages en tout, mar. violet à long grain, dos orné, fil. dor. et dent, à fr. sur les pl., tr. dr.   30 fr.

Willems, n° 1960. — Haut. 117 millim.

1838. Bertall. La vie hors de chez soi, (comédie de notre temps), l'hiver, le printemps, l'été, l'automne. Paris, Plon, 1876, gr. in-8 demi-mar. rouge.   12 fr.

Etudes au crayon et à la plume.

1839. Bertaut. Recueil des OEuvres poétiques de J. Bertaut, abbé d'Aunay et premier aumosnier de la Royne. A Paris, par Mamert Patisson, 1601, in-8, mar. bleu, milieu doré à petits fers, tr. dor. (Trautz - Bauzonnet).   140 fr.

Edition originale.

1840. Berthoud. Traité des Horloges maritimes, par F. Berthoud. Paris, Musier, 1773, in 4, orné de nombr. pl., maroq. rou., fil., dos orné, tr. dor. (anc. reliure).   80 fr.

Aux armes de l'abbé Terray.

1841. Bible. Illustrations de la Bible, 240 gravures sur bois d'après les dessins de J. Schnorr de Carolsfeld, ancien et Nouveau Testament. Paris et Leipzig, s. d., 2 parties en 1 vol. in-fol. obl. demi-rel. chag.   25 fr.

1842. Bibliothèque elzévirienne. Paris, Janet, 1854-1880, in-12 perc. n. rog.

Variétés historiques et littéraires, 10 vol.   30 fr.
Histoire amoureuse des Gaules. 5 vol.   15 fr.
Lafontaine. OEuvres complètes. 4 vol.   10 fr.
Ronsard. OEuvres compl. 8 vol. 30 fr.
Rutebeuf.   3 vol. 10 fr.
Despériers. OEuvres, 2 vol.   6 fr.
Noel du Fail. OEuvres facétieuses, 2 vol.   7 fr.

Corneille, 2 vol.   6 fr.
Tabarin, 2 vol.   6 fr.
St Amand, 2 vol.   6 fr.
Courrier de la fronde, 2 vol.   6 fr.
Melin de St-Gelais, 3 vol.   8 fr.
Racan, 2 vol.   6 fr.
Coquillart. 2 vol.   6 fr.
Rabelais, 2 vol.   6 fr.
Mémoires du Marquis d'Argenson, 5 vol.   16 fr.
Sennecé. OEuvres chois. 1 vol.   2 fr.
Sennecé. OEuvres posth. 1 vol.   2 fr.
Gérard de Rossillon, 1 vol.   3 fr.
Corneille. Son histoire par Taschereau.   3 fr.
Mémoires de Campion.   3 fr.
Le temple des oracles.   3 fr.
Violier. Histoires romaines.   3 tr.
Hisopadésa.   8 fr.
Marolle. Le livre des peintres.   2 fr.
La Rochefoucauld.   3 fr.
Willon.   7 fr.
Morlini.   3 fr.
Regnier.   7 fr.
Le Chevalier de la Tour Landry. 18 fr.
Nouvelle fabrique des excellents traits de vérité.   3 fr.
Caquets de l'accouchée.   10 fr.
Gautier Garguille.   3 fr.
Romans de Dolopathos.   5 fr.
Le plaisir des champs.   3 fr.
Ancien Théâtre français, 10 vol. 30 fr.
Anc. poésies françaises, 9 vol. 25 fr.

1843. Biblische Figuren desz Neuwen Testaments. gar künstlich gerissen. Durch den weitbsrhumpten Vergilium Solis zu Nurnberg. Pranckfurt am Main, 1552. (A la fin): Getruckt zu Franckfurt am Mayn, durch David Zephelium Johan Raschen, und Sigmund Feyrabent, 1562, in-4 obl. de 60 ff., vélin.   160 fr.

116 planches gravées d'après Virgile Solis, se rapportant au Nouveau Testament et à l'Apocalypse.
Outre la marque de Solis qui se trouve sur la plupart des planches, on voit aussi celles des graveurs Christophe Schveilzer et Hans Guldemund.

1844. Billard de Lorière. Démonstration de la cause des divisions qui règnent en France, s. l. 1754, in-12 mar. rouge, fil. tr. dor.   20 fr.

Exemplaire avec de nombreuses et piquantes notes de Jamet-le-Jeune.

1845. Biollay (Léon). Un épisode de l'approvisionnement de Paris en 1789. Paris, 1878, plaquette in-8 demi-vélin.   1 fr. 50

1846. Bisson et Mars. Les surprises du divorce, comédie en trois actes. Paris, Tresse et Stock, 1889, in-12 carré demi-rel. toile, couv.   4 fr.

Edition originale.

1847. Bitaubé. Joseph. Quatrième édition. A Paris, de l'imprimerie de Didot l'aîné, 1786, in-8, portr. et fig., mar. rouge, dos orné, fil., tr. dor. (Rel. anc.).   70 fr.

Très bel exemplaire en grand papier vélin orné d'un portrait gravé par Saint-Aubin, d'après Cochin, et de 9 jolies figures de Marillier, gravées par Née.

1848. Blackstone. Commentaires sur les loix angloises traduits de l'anglois par M. D. G*** (de Gomicourt). Bruxelles, de Boubers, 1774-1776. 6 vol. in-8, mar. rouge, tr. dor. (Rel. anc.).   90 fr.

Aux armes de Lenoir, lieutenant de police.

1849. Blondel Recueil de plusieurs traitez de Mathématique de l'Académie Royale des Sciences. Paris, Imprimerie Royale, 1676, gr. in-fol., maroq. rou., fil. à comp., dent., tr. dor. (anc. reliure).   280 fr.

Exemplaire aux armes de Louis XIV.

1850. Boccace. Le plaisant livre de noble homme Jehan Bocace (sic) auquel il traicte des faictz et gestes des illustres et clercs dames, traduict de latin en frâcois. Imprime nouuellement à Paris, le quatriesme iour de Mars, lan mil cinq cens trente et guyt (1538). On les vend à Paris en la grant salle du palays au premier palier, par Pierre Hermier, pet. in-8 goth. de 8 ff. prélim. et texte ff. I. à CXCVI chiffrés, mar. vert, dos orné, encadrem. de fil. dent. int. (Rel. moderne).   50 fr.

Titre doublé et raccommodage au dernier feuillet.

1851. Boissardo. Theatrum Vitæ humanæ a J.-J. Boissardo Vesuntino conscriptum, et à Theodoro Brvio artificiossimis historiis illustratum. Excussum typis Abrahami Fabri, Mediomatricorum typographi (1596), in-4 de 8 ff. et 266 pp., front. et fig., veau fauve, fil., milieux, coins remplis (Rel. anc.).   280 fr.

Ce volume est orné d'un titre gravé, du portrait de Boissard et de 60 planches tirées dans le texte, gravées par Th. de Bry.
Bel exemplaire de la première édit.

1852. Bonanni (Philipp). Verzeichnis der Geist-Weltlichen Ritter-Orden. Nurnberg, Keyserl, 1720, in-4, v. brun.   45 fr.

Frontispice, 23 planches, croix et colliers ; et 141 planches costumes des ordres de chevalerie.

1853. Bossuet (J.-B.). Discours sur l'histoire universelle, précédé d'une notice par M. Tissot. Paris, L. Curmer, s. d., 2 vol. gr. in-8, texte en-

cadré, demi-rel. chag. noir, pl. toile, tr. dor.   15 fr.

Nombreuses gravures sur cuivre.

1854. Bossuet. Oraisons funèbres. Paris, Plon, 1875, in-18, br.   3 fr.

1855. Bossuet. Discours sur l'histoire universelle. Paris, Plon, 1875, 3 vol. in-18 br., port.   8 fr.

1856. Boucher (Jean). Sermons de la simulée conversion et nullité de la prétendue absolution de Henry de Bourbon, prince de Béarn à St-Denis en France, le dimenche 25 juillet 1593, sur le sujet de l'Evangile du mesme cour : Prononcez en l'église de St. Merry à Paris, depuis le premier iour d'Aoust prochainement suivant, jusqu'au neufiesme dudict mois. Jouxte la copie imprimée à Paris, chez Chaudière, 1534, in-8 de 6 ff. 633 pp. et 8 ff. de table vélin, (rel. fatiguée).   8 fr.

1857. Bouquet (Don Martin). Recueil des historiens des Gaules et de la France, contenant tout ce qui a été fait par les Gaulois et qui s'est passé dans les Gaules avant l'arrivée des François : et plusieurs autres choses qui regardent les François depuis leur origine jusqu'à Clovis. A Paris, aux dépens des Libraires associés, 1738-1876, 23 vol. dont 10 en demi-rel maroq. gr. dor. en tête, non rog. et les 13 premiers rel. en v. m , dos orn. tr. rouges. (aux armes).   800 fr.

Bel exemplaire d'un ouvrage rarement complet.

1858. Bourrassé (L'Abbé). La Touraine, histoire et monuments. Tours, Mame, 1855, in-fol. cart. de l'éditeur, tr. dor.   80 fr.

Nombreuses figures dans le texte et hors texte. Rare.

1859. Boyer de Sainte-Suzanne. Notes d'un curieux. Monaco, 1878, gr. in-8, demi-maroq. rouge.   5 fr.

Ouvrage tiré à 300 exemplaires numérotés, no 102.

1860. Boyer de Ste-Suzanne. Inventaire de Mazarin. Paris, Société française de numismatique et d'Archéologie., gr. in-8, demi-rel. vélin.   1 fr. 50

1861. Braund (J.). Illustrations of furniture musical instruments, from the great exhibitions of London and Paris with exemples of similar articles from royal palaces and noble mansions. — London, 1858, in-fol. cart.   16 fr.

48 planches.

Et de Livres anciens et modernes

1862. Brillat Savarin. Physiologie du goût ou méditations de gastronomie transcendante. Paris, Tessier, 1838, 2 vol. in-8, cart. n. rog.   8 fr.

1863. Bruscambille. Les Œuvres, contenant ses Fantaisies, Imaginations et Paradoxes et autres discours comiques. Le tout nouvellement tiré de l'escarcelle de ses Imaginations. Reveu et augmenté par l'autheur. A Rouen, chez Martin de la Motte, 1626, pet. in-12, mar. orange, fil., dent. int., tr. dor. (Trautz-Bauzonnet).   200 fr.

Bel exemplaire d'un livre rare.

1864. Buffon et Lacepède. Œuvres complètes. Paris, 1839, 8 vol. gr. in-8, demi-rel. chag.   30 fr.

Nombreuses figures coloriées.

1865. Calliat (Victor). Parallèle des maisons de Paris, construites depuis 1830, jusqu'à nos jours. Paris, Bance 1857, in-fol. cart.   25 fr.

126 planches.

1866. Calligraphia latina. Joannis Georgii Schwandueri austraii Stadel Kirchensis, dissertatio epistolaris de calligraphicœ, nomenclatione cultu prœstantia utilitate. Viennœ, 1756, in-folio veau.   45 fr.

Très bel exemplaire contenant 142 planches et 16 doubles. Très rare.

1867. Carné (Le Comte Louis de). Etudes sur l'histoire du gouvernement représentatif en France, de 1789 à 1848, Paris, Didier, 1855, 2 vol. in-8 **br.**   4 fr.

1868. Catalogue. de tableaux modernes de premier ordre composant l'importante collection de M. Defoer. Paris, G. Petit, 1886, in-fol. demi-rel. mar. lavall. avec coins, tête dor. n. rog.   30 fr.

46 planches avec prix marqués au crayon.

1869. Catalogue des livres du cabinet de feu M. Randon de Boisset, receveur général des finances. Paris, chez De Bure, 1777, in-12 veau, tr. rouges.   8 fr.

Prix manuscrits.

1870. Cazotte. Ollivier, poème en prose. Paris, Didot l'aîné, 1798, 2 vol. in-12 veau.   25 fr.

12 figures par Lefevre gravées par Godefroy.

1871. Cérémonies de gages de bataille selon les constitutions du bon roi Philippe de France. Paris, imp. de Crapelet, 1830, gr. in-8, fig. demi-

rel. mar. rouge avec coins, tête dor. n. rog.   12 fr.

11 planches.

1872. Cerise. Œuvres du docteur Cerise, publiées par les soins de sa famille et de ses amis. Paris, Masson, 1872, 2 vol. in-8 brochés, port.   6 fr.

1873. Cervantès. Histoire de l'admirable Don Quichotte de la Manche. Paris, L. Janet, s. d., gr. in-8, demi-rel. chag. bleu, pl. toile, tr. dor. 8 fr.

Ouvrage illustré de 28 grandes lithographies en couleur.

1874. Champagnac. Faits mémorables de l'histoire des Pays-Bas. Paris, Morizot, s. d., gr. in-8, demi-rel. chag. vert, tr. dor.   3 fr.

Illustrations de Rouargue frères.

1875. Champfleury. Les souffrances du professeur Delteil avec quatre eaux-fortes par Cham. Paris, Poulet-Malassis, 1861, in-12 cart. n. rog. couv.   6 fr.

1876. Champfleury. Grandes figures d'hier et d'aujourd'hui avec quatre portraits par Bracquemont. Paris, Poulet-Malassis, 1861, in-12 cart. n. rog. couv.   5 fr.

1877. Champfleury. Les amis de la nature avec un front. par Bracquemond. Paris, Poulet-Malassis, 1859, in-12 cart. n. rog. couv.   5 fr.

1878. Chanzy (Le général). La deuxième armée de la Loire, (Campagne de 1870-71, un vol. in-8 et atlas in-fol. br.   4 fr.

L'atlas comprend 5 cartes.

1879. Charron (Pierre). De la sagesse, trois livres. Amsterdam, Louis et Daniel, elzévir 1662, in-12 veau. 10 fr.

Frontispice gravé.

1880. Chasse. Livret des chasses du roi pour 1824, in-4 de 476 pp. veau.   35 fr.

1881. Châteaubriand. Mémoires, lettres et pièces authentiques touchant la vie et la mort de Ch. F. d'Artois, fils de France, duc de Berry. Paris, Le Normant, 1820, in-8 br.   2 fr.

1882. Châteaubriand. Mémoires d'Outre-Tombe. Paris, V. Penaud, 1849, 12 vol. in-8 demi-veau fauve, tr. jasp.   40 fr.

Exemplaire très-propre.

1883. Chevigné. Les contes rémois, 3ᵉ édition. Paris, M. Lévy, 1858 in-12 demi-rel. mar. citron, avec coins, tr. peigne.   35 fr.

Achat de Bibliothèques

1er tirage des dessins de Meissonier.

1884. Ciacconius (Alph.). Vitae et res gestae pontificum romanorum et cardinalium, ab initio nascentis ecclesiae, usque ad Urbanum VIII, auctoribus Alphonso Ciaconio... Romae, Typis Vaticanis, 1630, 2 vol. in-fol., fig., mar. r., dos ornés, encadrem. de fil. avec coins or, tr. dor. (Rel. anc.).   100 fr.

Edition originale. Armoiries sur les plats.

1885. Ciceron. Lettres de Cicéron à Atticus, 3 vol. — Nouvelle traduction du livre unique des lettres de Cicéron à M. J. Brutus, avec remarques historiques et critiques par de Laval, 2 vol. — Tusculanes de Cicéron, par MM. Bouhier et d'Olivet, 3 vol. — Histoire de la conjuration de Catilina où l'on a inséré les Catilinaires de Cicéron, 1 vol. — Pensées de Cicéron, traduites par l'abbé d'Olivet. — Philippiques de Demosthène et Catilinaires, traduites par l'abbé d'Olivet. 1 vol. — Traduction du traité de l'Orateur de Cicéron, avec des notes, par l'abbé Colin, 1 vol. — Les Offices de Cicéron, trad. par de Barrett, 1 vol. — Les Livres de Cicéron, de la Vieillesse, de l'Amitié, les Paradoxes, le Songe de Scipion. Lettre politique à Quintus, trad. par de Barret, 1 vol — Oraisons choisies de Cicéron, trad. revue par de Wailly, 8 vol. — Entretiens de Cicéron, sur la nature des dieux, trad. par l'abbé d'Olivet. Paris, 1709 à 1793. Ensemble 19 vol. in-12, demi-veau, dos orné.   20 fr.

1886. Cleveland. Le philosophe anglois ou histoire de Monsieur Cleveland, fils naturel de Cromwel. Nouvelle édition. A Londres, chez Paul Vaillant, 1767, 6 vol. in-8 cart.. 8 fr.

12 figures de Desrais.

1887. Collection Gay.

Les amoureux Brandons. 1868, br.   4 fr.
L'an des sept Dames, 1867, br.   3 fr.
La Bataille fantastique. 1867, br.   3 fr.
Bibliothèque de Marie Antoinette, 1863, br.   20 fr.
Bigarrures du Seigneur des Accords, 1866, br.   3 fr.
Le Carabinage et matoiserie soldatesque, 1867, br.   4 fr.
Le Courrier extraordinaire, 1872, pap. de Chine, br.   4 fr.
De tribus impostoribus. 1861, cart.   3 fr.
Deux sotties jouées à Genève, 1868, br.   3 fr.
Doux entretien des bonnes compagnies. br.   4 fr.
Enrollement, br.   3 fr.
Escole de l'intérèt, 1862. br.   4 fr.
Les escoliers, 1868, br.   3 fr.

Faitz merveilleux de Virgille, 1867, br.   3 fr.
Les fanfares, 1863. demi-mar. vert.   5 fr.
Le fantaisiste, 1873. 2 vol. br. (2e partie sur papier de Chine).   12 fr.
La France foutue, 1871, cart.   6 fr.
Grandes et récréatives pronostications, cart.   3 fr.
Le lion d'Angélie, 1862, br.   4 fr.
Mascarades et farces de la Fronde, demi-mar.   5 fr.
Mélanges satiriques et amusants, 1877, br.   4 fr.
Le Moine sécularisé, 1874, br,   3 fr.
La Muse pariétaire, 1863, br.   4 fr.
La Navigation du compaignon à la bouteille, 1867, br.   3 fr.
Nouveau décret du manège foutez, 1872, br.   6 fr.
Le nouveau entretien des bonnes compagnies, br.   4 fr.
La nouvelle d'un révérend Père en Dieu, 1862, demi-mar. vert.   5 fr.
Les pantagruéliques, 1871, br.   7 fr.
Le papillon de Cupido, exempl. sur parchemin, rel.   16 fr.
Le Grand Parangon, 1866, br.   5 fr.
Le Parnasse des Muses, 2 vol. demi-mar. vert, tête dor., n. rog.   15 fr.
Le Philandre, demi-mar. vert. tête dor. n. rog.   5 fr.
Les pieuses récréations dem. mar. vert, tête dor, n. rog.   7 fr.
Plaisantes idées du sieur Mistanguet, 1867. br.   3 fr.
Poésies de Maynard, demi-mar. vert, tête dor., n. rog.   7 fr.
Privilège du Cocuage, br.   3 fr.
Recueil de vraye poésie française, 1869. br.   3 fr.
Régnier F. Fortunes et adversitez, 1867, br.   3 fr.
Le Sandrin ou verd galand, demi-mar. vert, tête dor. n. rog.   5 fr.
Satyre Menippée, br. (papier de Chine). 6 fr.
Sept nouvelles de Pierre Arétin, mar. vert, fil. dos orné, tr. dor. exemp. sur vélin.   25 fr.
Soirées amoureuses du Général Mottier, 1872, br.   5 fr.
Têtes a prix, 1874, br.   5 fr.
Tragédie dite Lepetit Razeoir, demi-mar. vert, tête dor. n. rog.   5 fr.
Le Vagabond, 1867, br.   3 fr.
Le Vespillon adultère. 1868, rel.   4 fr.
Voyage de Piron à Beaune, 1863, br. 2 fr.
Sensuyt plusieurs belles chansons, demi-mar. vert, tête dor. n. rpg.   5 fr.
François Rabelais. 1867, br.   3 fr.
Ballets et mascarades de cour, 6 vol. demi-maroquin lavall.. tête dor., papier de chine.   110 fr.

1888. Commines. ✿ Cronicque et | Histoire faicte et com | posée par feu messire Philippe | de Comines chevalier seigneur Dargenton le re | gne du roy Loys unziesme..... M. D. LxIII (sic). On les vend à Paris par Pierre Sergent (1543). (A la fin :)... Et fut achevé d'imprimer le xxv jour daouat 1543. — ✿ Cronicques | du roy Charles huyties | me de ce nom... et mis p escript en for | me

Et de Livres anciens et modernes

de memoires p messire Phelippes | de Commines.... avec la table recol | lective annatatos et cota | tions du contenu. Audit | liure lesquelles au pa | ravant avoient e | stees obmi | ses. M, DLXII (sic). On les vend à Paris... par Pierre Sergent. (A la fin :) .... Et furent acheués dimprimer lan | mille cinq cẽs quarante et troys. le XI jour de | aoust par Jehan Real imprimeur (1543), 2 parties en 1 vol. petit in-8, v. f. fil. et comp. à froid, milieux dor. tr. dor.   100 fr.

> La première partie comprenant le règne de Louis XI a 8 ff. prèl. non chiff. et CCLXVIII ff. chiff. Marque de Pierre Sergent au verso du dernier feuillet. (Silvestres. Marques typogr. n° 1011). — La deuxième partie, règne de Charles VIII, a 6 ff. prél. non chiff. et CXXX ff. chiff.
> Les titres sont datés par erreur M. D- LXIII pour 1543.
> Un nom gratté sur le titre de la première partie,

1889. Cordemoy. Histoire de France. Paris, J. B. Coignard, 1685, 2 vol. in-folio, veau fil.   8 fr.

> Nombreuses vignettes à mi-page, quelques piqûres de vers et cachets découpés sur les titres.

1890. Corneille (P. et Th.) Le Théâtre revu et corrigé et augmenté de diverses pièces nouvelles. Suivant la copie imprimée à Paris, 1689-92 9 vol. in-12 veau, ant. granit.   20 fr.

1891. Corrozet (Gilles). Le thrésor des histoires de France, réduit par tiltres partie par lieux communs. Paris, Jean Corrozet, 1630, in-12, demi-veau fauve.   3 fr.

> Ouvrage rare.

1892. Cours complet d'agriculture ou nouveau dictionnaire d'agriculture théorique et pratique. Paris, Garnier s. d., 18 vol. in-8. demi-veau tr. peig.   25 fr.

> Nombreuses planches en noir.

1893. Coyer (l'abbé). Histoire de Jean Sobiesky. A Paris, chez Duchesne, 1761, veau, port.   6 fr.

1894. Cousteau (Pierre). Le Pegme de Pierre Cousteau, avec narrations philosophiques mis de latin en françoys par Lanteaume de Romieu, gentilhomme d'Arles-Lyon, par Barth. Molin (Imp. par Macé Bonhomme) 1560, pet. in-8. de 416 pp. et 4 ff. pour la table et la souscription, mar. rouge, fil. tr. dor. (rel. anc.)   75 fr.

> Livre d'emblèmes, orné de figures et de bordures sur bois à chaque page. Mouillure à quelques pages. Reliure très fraîche. Rare.

1895. Couvay (Louis). Première et seconde partie de la grammaire latine, contenant les communes qualitez des noms, selon le rapport qu'ils ont aux personnes ou aux choses signifiées, par l'intelligence des genres. Paris, Claude Thibourt, 1668 in-8 mar. bleu jans, dent. int. tr. dor. (Duru)   60 fr.

> 41 planches entièrement gravées contenant une grande quantité de petits tableaux ravissants.

1896. Creuzé de Lesser. Le dernier homme, poème, imité de Grainville. Paris. Delaunay, 1831, in-8, br. 2 fr.

1897. Creuzé de Lesser. Les Romances du Ciel. Odéïde imitée de l'espagnol. 3e édition augmentée d'Héloïse et des prisons de 1794, poèmes ou même genre. Paris. Delaunay, 1836, in-8. br.   2 fr. 50.

1898. Cucheval Clarigny. Histoire de la presse en Angleterre et aux Etats-Unis. Paris, Amyot, 1857, in-12 demi-rel. maroq.   3 fr.

1899. Dalibray. Les Œuvres poétiqués du Sr Dalibray, divisées en vers bachiques, satyriques, héroïques, amoureux, moraux et chrestiens. A Paris, chez Antoine de Sommaville, 1653, ce poète est de toute rareté cuir de Russie, dos orné, fil. tr. dor.   180 fr.

1900. Daumas (Eug.) Le grand désert ou itinéraire d'une caravane du Sahara au pays des nègres. Paris, 1849, gr. in-8. br.   8 fr.

1901. De la Chapelle (Salomon). Histoire judiciaire de Lyon et des départements de Rhône-et-Loire et du Rhône depuis 1790. — Documents relatifs aux tribunaux de district de département et d'arrondissement. Lyon H, Georg, 1880. 2 vol. in-8. br. papier de Hollande.   8 fr.

1902. Delavigne. Théâtre de M. C. Delavigne. Paris, chez Ladvocat, 1826, 4 vol. in-12, brochés.   5 fr.

> Figures de Déveria.

1903. Delille. J. Les jardins poème, nouvelle édition considérablement augmentée. Paris, Levrault. 1801 in-12, veau fil. tr. dor.   10 fr.

> 4 figures de Monsiau gravées par Choffard et Saint-Aubin, avant la lettre.

1904. Desallier d'Argenville. La théorie et la pratique du jardinage ou l'on traite à fond des beaux jardins appelés communément les jardins de plaisance et de propriété.

Achat de Bibliothèques

Paris, J. Mariette, 1747 in-4, veau marb. 45 fr.

Nombreuses planches de décorations de jardins fort curieuses.

1905. Desallier d'Argenville. La Conchyliologie, ou histoire naturelle des coquilles de mer, d'eau-douce, terrestres et fossiles : avec un traité de la Zoomorphose, ou représentation des animaux qui les habitent : Ouvrage dans lequel on trouve une nouvelle méthode de les diviser. Paris, De Bure 1780, 2 vol. de texte et atlas, in-4, demi mar. rouge éb. 50 fr.

L'atlas contient 50 planches. Bel exemplaire.

1906. Deschamps (Emile). Etudes françaises et étrangères, 4e édition, corrigée et augmentée de pièces nouvelles. Paris, Lavavasseur, 1829, in-8 8, br. n. rog. 3 fr.

1907. Descoubès (E.) Historique du 1er rég. de zouaves. Paris, 1882, in-8 br. 2 fr.

Envoi d'auteur.

1908. Des Periers. Nouvelles récréations et joyeux devis, suivis du cymbalum-mundi réimprimés par les soins de D. Jouaust, Paris, Jouaust, 1874, 2 vol. gr. in-8. br. couv. 20 fr.

L'un des 30 exemplaires sur papier Wahtmann, n° 39, publié à 60 francs.

1909. Des Portes. Les œuvres de Philippe Des Portes, revues et augmentées. Anvers. Arn. Coninx, 1591, in-12, mar. lavall. dos orné fil. dent. int. tr. dor. (Chambolle-Duru). 60 fr.

Très bel exemplaire,

1910. Desportes. (Philippe). Poésies chrétiennes. — Quelques prières. A Paris, par Mamert Patisson, 1598, in-8, mar. rouge, milieu doré à petits fers, dent. int., tr. dor. (Trautz-Bauzonnet). 125 fr.

Très bel exemplaire réglé.

1911. Desportes. Œuvres de Philippe Desportes. Paris, 1858. In-12, front. gr., demi-rel., mar. r., non rog. 7 fr.

Exemplaire en grand papier vélin.

1912. Detaille (Ed.) Types et uniformes de l'armée française. Texte par J. Richard. Paris, Boussod et Valadon 1885-89, 16 livraisons in-fol. pl. noires et color. 450 fr.

Magnifique publication de grand luxe ornée de très belles illustrations par E. Detaille comprenant 64 estampes hors texte tirées en couleurs et de nombreuses figures placées dans le texte.

1913. Dictionnaire de l'Académie française 6e édition. Bruxelles, 1841 2 vol. in-4, demi-veau vert. 8 fr.

1914. Dictionnaire technologique, ou nouveau dictionnaire universel des arts et métiers, et de l'économie industrielle et commerciale par une société de savans et d'artistes. Paris. 1822, 22 vol. in-8, et 2 atlas in-4, demi-veau fauve. 40 fr.

Très bel exemplaire. Nombreuses planches.

1915. Diderot. La Religieuse. Paris, 1797, 2 vol. in-18, percal. éb. 4 fr.

2 figures.

1916. Diderot. Œuvres complètes. Paris. Brière, 1821, 22 vol, in-8, br. 45 fr.

1917. Didot (F. A.). Observation sur l'ortographe française. Paris, Firmin Didot, 1867, in-8, demi maroq. rouge avec coins tête dor. ébarbé. 3 fr.

Envois autographe de l'auteur.

1918. Dortous de Mairan. Dissertation sur la glace, ou explication physique de la formation de la glace et de ses divers phénomènes. Paris. Imp. Royale, 1749, 2 part. en 1 vol. in 12 veau, 3 fr.

1 frontispice et 5 planches.

1919. Du Fouilloux. La Venerie et Fauconnerie de J. du Fouilloux, Jean de Franchieres et autres divers autheurs. Revueues, corrigées et augmentées de chasses non encores cy devant imprimées Paris, Félix le Mangnier, 1585, 2 parties rel. en 1 vol. in-4, veau (rel. anc.) 250 fr.

Edition très estimée, ornée de nombreuses gravures sur bois,

1920. Dufour (Valentin). Le charnier de l'ancien cimetière Saint-Paul. Paris, 1866, in-8, demi-rel. vélin. 2 fr.

Envoi autographe de l'auteur.

1921 Dulaurens. (l'abbé). Le compère Mathieu, ou les Bigarrures de l'esprit humain. Paris, Patris, 1796. 3 vol. in-8, fig., mar. vert., tr. dor. (Rel. anc.) 180 fr.

Exemplaire en papier vélin. Très rare sur ce papier, surtout avec les 9 figures avant la lettre.

1922 Du Molinet (Claude). Le Cabinet de la bibliothèque de Sainte-Geneviève divisé en 2 parties contenant les antiquités de la religion des chrétiens, des Egyptiens et des Romains. Paris. Ant. Dezallier 1692, in-folio vélin blanc, 25 fr.

Très bel ouvrage enrichi de planches ;

Et de Livres anciens et modernes

les curiosités de ce cabinet se trouvent aujourd'hui dans celui de bibliothèque nationale. Bel exemplaire.

1923. Dumortous. Histoires des conquêtes de Louis XV, tant en Flandre que sur le Rhin, en Allemagne et en Italie, depuis 1744 jusques à la paix conclue en 1748. Ouvrage enrichi d'estampes, Paris, de Lormel, 1769, in-fol., veau marbré,   60 fr.

Portrait de Louis XV, frontispice par Boucher, gr. par Lempereur, fleurons, vignettes et figures dess. par Eisen.

1924. Dupont (P.) La légende du Juif-Errant. Paris. Lévy, 1856. in-fol. cart.   20 fr.

Illustrations de G. Doré.

1925. Dupré de Saint-Maur. Anthologie Russe, suivie de pièces originales, dédiée à S. M. l'empereur de toutes les Russies. Paris. Trouvé 1823, in-4, veau, dent. dos orné tr. dor.   10 fr.

6 planches.

1926. Dussieux (L.) Généalogie de la maison de Bourbon de 1256 à 1869. Paris. Lecoffre, 1869, in-8. br. 5 fr.

Tiré à 300 exemplaires numérotés (N° 272).

19.7. Eloges et discours, sur la triumphante réception du roy en sa ville de Paris, après la réduction de La Rochelle (par J.-B. Machand, jésuite), accompagnez de figures, tant arcs de triumphe que des autres préparatifs. Paris. P. Rocolet, 1629, in-fol. mar. vert, fil. dent. int. dos orné tr. dor.   80 fr.

Figures d'Abr. Bosse, Melch. Tavernier et P. Firens.
On remarque dans ce volume une grande planche gravée par A. Bosse, laquelle représente le prévôt des marchands et les échevins de Paris, haranguant le roi Louis XIII à son retour de la Rochelle.
Le titre est doublé, le frontispice remonté et les 2 dernières pages tachées.

1928. Emblêmes. Hard. Junii medici Emblemata ; ejusd. Ænigmatum libellus. Antuerpiœ, ex offic. Cristoph. Plantini, 1565, 2 part. en un vol. Pet. in-8. fig. s. bois, rel. pleine en mar, rouge du Levant, à nerfs, fil., dent. intér., tr. dor.   80 fr.

Les pages de ce volume sont dans des encadrements en forme d'arabesque et les gravures sur bois à mi-page dont il est orné peuvent rivaliser comme finesse d'exécution avec les célèbres illustrations lyonnaises du Petit-Bernard.

1929. Emblêmes. Livret des Emblemes de maistre André Alciat, mis en rime françoyse et présenté à Mon-

seigneur l'Admiral de France (par Jehan le Fevre). On les vend à Paris, en la maison de Chrestien Wechel, 1536, in-8. goth., réglé, fig., veau brvn, comp. à froid. (Rel. anc.)...   120 fr.

Première édition française des Emblêmes d'Alciat, ornée de figures sur bois. Ces figures au nombre de 112 sont les mêmes (sauf quelques variantes) que celles qui ornaient l'édition latine publiée par Wechel en 1534. Ces figures passent pour avoir été dessinées par un artiste de Bâle et gravées par Mercure Jollat. Bel exemplaire.

1930. Enluminures (Les) du fameux almanach des P. P, Jésuites, intitulé la déroute et la confusion des Jansénistes ou triomphe de Molina, jésuite, sur S. Augustin, avec la Réponse à la Lettre d'une personne de condition, du 24 Mars 1654 (15 pp.). et la Lettre écrite à une personne de condition, 1654 (15 pp.). S. l. n. d. (Paris, 1654). In-8, mar, rouge, dos orné, fil., dent., tr. dor., (Chambolle-Duru.)   55 fr.

Avec la grande figure pliée représentant : La Déroute et Confusion des Jansénistes.

L'auteur de cet ouvrage est le Maistre de Sacy.

1931. Estienne (H.) L'introduction au traité de la conformité des merveilles, anciennes avec les modernes ou traité préparatif à l'apologie pour Herodote, S, 1. 1579, in 12 veau, tr. dor.   15 fr.

Titre doublé, raccommodages.

1932. Etrennes intéressantes des quatre parties du monde et des troupes de France. A. Paris, chez Langlois. An VIII de la République, in-18, br.   4 fr.

Cartes.

1933. Etrennes mignones curieuses et utiles pour l'année 1783. A. Paris, chez Durand, 1783 in-18, mar. rouge tr. dor.   5 fr.

Emblêmes sur les plats, 2 cartes.

1934. Faictz et | dictz (Les) de feu de bône memoire maistre | Jehan Molinet contenans plu | sieurs beaulx traictez | oraisons | et champs royaulx côme lon | pourra facillemět trouver | par la table qui sensuyt. | Nouvellement imprimez à Pari-. | ([On les vend à Paris en la rue sainct | Jaques chez Jehan Yvernel, au coing | de la rue des porcs | M D. xxx vij (1537), in-8, goth. à longues lignes, mar. brun. dos et plats ornés de

comp. à fr. dent. int. tr, doré. (Capé.)
125 fr.

Edition rare.

1935. Fénelon. Les Aventures de Télémaque, fils d'Ulysse. Paris. Imp. Didot, 1783, 4 vol. 16 demi-veau vert.
6 fr.

1936. Fénelon. Les Aventures de Télémaque, fils d'Ulysse. Paris. Didot, 1796, 4 vol. in-12, demi-mar. rouge, n. rog. (Thouvenin).   150 fr

2 portraits par Delvaux Vivien 24 charmantes figures par Lefebvre gravées par Delvaux, Godefroy, Simonet, Thomas et Trière.
Exemplaire en grand papier vélin, avec les figures avant la lettre.

1937. Fierville (Ch.) Histoire du collège de Quimper. Paris. Hachette, 1864, in-8, demi-chag. vert.   3 fr.

Avec une vue du collège.

1938. Florian. Numa Pompilius second roi de Rome. Paris. Imp. de P. Didot, l'aîné, 1787, in-8, mar. rouge, dos orné tr. dor. (rel. anc.)   6 fr.

1 front. par Quéverdo et 3 figures avant lettre par Le Barbier.

1939. Formi (Pierre). Traité de l'Adianton ou cheveu de Vénus, contenant la description, les utili'ez et les diverses préparations galéniques et spagyriques de cette plante pour l'usage familier de toute sorte de personnes, et la guérison de quelle indisposition que ce soit, par Pierre Formi, docteur en l'université de médecine de Montpellier. A Montpellier, par Pierre Du Buisson, 1644, in-8, de XVI et 80 pp. mar. vert jans. dent. int. tr. dor. (Trautz-Bauzonnet.)
75 fr.

Ouvrage rare et recherché.
Bel exemplaire réglé.

1940. Fragonard et Dufey. Types et caractères anciens d'après des documents peints ou écrits par Mazuy. Paris. Delloye, 1841, in-fol. demi-rel. chag. rouge.   25 fr

19 planches coloriées, vignettes et culs-de-lampe.

1941. Gaimard (P.) Voyages en Scandinavie, en Laponie, au Spitzberg et aux Feroë publiés par ordre du roi. Paris A. Bertrand, 3 vol. in-fol. demi-rel. chagr. n. rog.   150 fr.

406 planches noires et coloriees,

1942. Garlin (Gustave). Le cuisinier moderne ou les secrets de l'art culinaire. Paris, Garnier, 1887, 2 vol. in-4, demi-rel. chag.   20 fr.

60 planches et 330 dessins.

1943. Genealogies, (Les) effigies et epitaphes des roys de France recentement reuenes et corrigées par l'autheur mesmes ; avecq' plusieurs aultres opuscules, le tout mi s de nouveau en lumière par le dict autheur comme on pourra veoir en la page suyvante. On les vend à Poictiers chez Jacques Bouchet, 1545, in-fol., lig. sur bois, mar. rouge, fil., doublé de mar. à large dent. dos orné, tr. dor. (Niedrée.)   350 fr.

1944. Gessner (Salomon), OEuvres. Paris, Bossange, An V-1797, 3 vol. in-18, veau dent. sur les plats et inter. dos orné, tr. dor.   10 fr.

Ouvrage orné de gravures non signées. Bel exemp.

1945. Goldsmith. Le vicaire de Wakefield traduction nouvelle par Ch. Nodier. Paris, Hetzel, 1844. gr. in-8, demi-rel. chag. vert. n. rog. couv.
15 fr.

Figures de Tony Johannot.

1946. Gougenot. La Comédie des comédiens, tragi-comédie. A Paris. chez Pierre David. 1633, in-8. mar. bleu jans., dent. intér., tr. dor-(Trautz-Bauzonnet.)   45 fr,

Cette comédie se compose de deux pièces : l'une en prose en deux actes, où les personnages sont les acteurs de l'hôtel de Bourgogne sous leurs noms de théâtre : Bellerose, Gauthier, Guillaume, Turlupin, etc., l'autre en vers et en trois actes est intitulée : la Courtisane.

1947. Guistinian (Bernardo). Historie chronologie dell' origine degl' ordini militari e di tutte le religione cavaleresche intino ad hora iustituite nel mondo. In venezia, pressa Combi et Là Noù, 1692, 2 vol. in-fol. vélin blanc.   20 fr.

Frontispice et figures.

1948. Goethe. Werther, traduction nouvelle par P. Leroux avec une préface par G, Sand. Paris, Hetzel 1845, gr. in-8, demi-rel. chag. rouge.
10 fr.

Ouvrage illustré de 10 eaux-fortes par Johannot.

1949. Granier de Cassagnac. Histoire de la chute du roi Louis-Philippe de la République de 1848 et du rétablissement de l'empire (1847-1855.) Paris. Plon, 1857, 2 vol. in-8. br. (Mouillures).   4 fr.

1950. Grécourt. OEuvres complètes, enrichies de gravures, nouvelle édition, soigneusement corrigée et augmentée d'un grand nombre de pièces

Et de Livres anciens et modernes

qui n'avaient jamais été imprimées. Paris, Chaignieau aîné, an V (1796), 4 vol. in-8, mar. r., dos ornés, fil., dent. int., tr. dor, (Capé.)   180 fr.

> 1 portrait par Dupréel, et 8 figurés par Fragonard fils, gravées par Dambrun, Duparc, Giraud le jeune, Pauquet, Lingée et Dupréel.
> Bel exemplaire sur Papier Vélin. avec les figures Avant la Lettre.

1951. Grisolle (A.) Traité élémentaire et pratique de pathologie, Paris, Masson, 1857, 2 vol. in-8, br.   4 fr.

1952. Guerres des Vendéens des Chouans contre la République française, ou annales des départements de l'ouest pendant ces guerres. Paris Baudouin, 1824, 2 vol, in-8, demi-veau gris avec coins.   8 fr.

1953. Guicciardin (Louis). Description de tous les Païs-Bas autrement appelés la Germanie inférieure, ou basse Allemagne ; par Messire L. Guicciardin. Anvers, Ch. Plantin, 1582, in-fol. pl. veau fauve, orné tr. dor. (rel. du XVIᵉ siècle).   120 fr.

> Nombreuses vues de villes et de monuments très spirituellement gravées à l'eau forte. Costumes sur chacune des planches.

1954. Guichard (Ed.). Le portefeuille des industries d'art, épaves des temps passés appropriées aux gouts et aux besoins de l'industrie. Paris. J. Baudry, in-fol. en portefeuille, 56 planches et titre.   20 fr.

— Au lieu de 60 fr.

1955. Guichard. Cours d'art militaire. Tactique. Paris. Dumaine, 1876-77, 3 vol. in-8. br.   5 fr.

1956. Guigard (Joannis.) Armorial du bibliophile avec illustration dans le texte. Paris. Bachelin-Deflorenne, 1870, 4 livraisons gr. in-8, br. 30 fr.

> Exemplaire sur papier de Hollande. Nombreuses planches de reliures ajoutées.

1957. Guizot. Histoire de la révolution d'Angleterre depuis l'avénement de Charles Iᵉʳ jusqu'à sa mort. Paris V. Masson, 1850, 2 vol. in-8, br. 4 fr.

1958. Hamilton (le Cᵗᵉ Antoine). Le Belier, conte. Paris. Josse, 1730. — Hamilton. Histoire de Fleur d'épine, conte. Paris, Josse, 1730. — Ensemble, 1 vol. in-12, veau.   4 fr.

> Editions originales.

1959. Hénault (le président). Nouvel abrégé chronologique de l'histoire de France contenant les événements de notre histoire depuis Clovis jusqu'à la mort de Louis XIV. Paris, Prault,

1768, 2 vol. in-4, veau fauve, dos orné, tr. dor. (rel. anc. de Padeloup.)   150 fr.

> 1 front. 1 fleuron, 3 vignettes par Cochin et 35 estampes allégoriques par Cochin gravées par Aliamet.
> Bel éxemplaire.

1960. Heptaméron (l') de la Navarri de ou histoire entière du Royaume de Navarre depuis le commencement du monde, le tout fait et traduit par le sieur de la Paline. Paris. P. Portier, 1602, in-12, veau.   5 fr.

1961. Histoire littéraire de la France où l'on traite de l'origine et du progrès de la décadence et du rétablissement des sciences parmi les Gaulois et parmi les Français par les religieux bénédictins de la congrégation de Saint-Maur. Nouvelle édition par M. Paulin Paris. Paris, V. Palmé 1865-1869, 15 vol. — Table générale 1875, 1 vol. — Ensemble 16 vol. in-4. dont les 10 premiers reliés en vélin blanc. tête dor. n. rog. et les 6 derniers, cart. percal. verte n. rog.   140 fr.

1962. Histoire de la ville de Paris, contenant ce qui s'est passé de remarquable depuis le commencement de la monarchie jusqu'à la fin du règne de Louis X. Paris. Guillaume Desprez, 1735, 5 vol. in-12 veau.   10 fr.

1963. Histoire de la vie et des aventures de la duchesse de Kingston nouvelle édition à laquelle on a ajouté une notice curieuse sur Stefano Zannowisch, prétendu prince Castriotto d'Albanie avec les portraits de ces deux célèbres personnages. Londres 1789, in-12, demi-rel.   4 fr.

1964. Histoire des religieux de la compagnie de Jésus contenant ce qui s'est passé dans cet ordre depuis son établissement jusqu'à présent. A. Soleure, 1740, 3 vol. in-12 veau, tr. rouges.   5 fr.

1965. Histoire d'Hérodote, suivie de la vie d'Homère, nouvelle traduction par A. F. Miot. Paris. Didot, 1822, 3 vol. in-8. br.   6 fr.

1966. Historical narrative of those momentous everts vohich have taken place in this country during the period from the year, 1816 to 1823, in-fol. demi-rel mar. rouge contenant 8 planches dont 3 en couleur représentant des fêtes et cérémonies.   75 fr.

1967. Historiæ sacræ Novi Testamenti elegantissimis iconibus expressæ a variis huius ac superioris seculi pictoribus atque sculptoribus. Edente N. Piscatore. — Acta Apostolorum elegantissimis iconibus summo artificio delineata edente J. N. Visscher. — Visiones apocalyticæ exhibitæ Johanni apostolo in insula Pathmo elegantissimis iconibus expressæ, edente Nic. Joh. Piscatore. — XII fidei apostolicæ symbola a N. J. Piscatore in lucem edita. S. l. n. d. 4 p rties en 1 vol, in-4 obl., v. brun.   100 fr.

200 planches gravées par Martin de Vos, Muller, J. Strada, F. de Jode, M. Heemskerck etc.

1968. Hoffbauër (le cap.) Les Opérations de l'artillerie Allemande dans les batailles livrées aux environs de Metz, d'après les rapports de l'artillerie Allemande. Bruxelles, 1874, 4 vol. in-8, br. cartes.   5 fr.

1969. Hogarth. W. The Works from the original plates restored by James Heath esq. R. A vvith the addition of many subjects not before collecfed London printed for Baldvvin and Cradock, s. d. in-fol. demi-rel. cuir de Russie.   120 fr.

Bel exemplaire de cet ouvrage devenu rare, contenant 116 figures piqûres.

1970. Homère. L'Iliade et l'Odyssée. Traduites en françois, avec des remarques, par Mme Dacier. Paris, 1756, 8 vol. in-12 veau marb. 15 fr.

1971. Horatius (Quintus) flaccus. Parisiis Didot. 1808, in-12, cart. n. rog.   3 fr.

1972. Houssaye (Ars.) Œuvres. Paris. H. Plon, 1860, 6 vol. in-8, demi-rel. chagr. lavall.   30 fr.

Mlle de La Vallière et Mme de Montespan — Le Roi Voltaire. — Histoire de l'art français. — Voyage à ma fenêtrer — Princesses de comédie. — Histoire du 41e fauteuil.

1973. Hugo (Victor). Notre-Dame de Paris. Paris. Perrotin, 1850, gr. in-8, cart. de l'éditeur tr. dor.   12 fr.

Edition illustrée d'après MM. de Beaumont, T. Johannot. Lemud. Meissonnier etc.

1974. Instruction générale pour la teinture des laines et manufactures de laines de toutes couleurs et pour la culture des drogues ou ingrédiens qu'on y emploie. Paris, Muguet, 1672 in-12, veau.   4 fr.

Volume de toute rareté ; le dernier feuillet manque.

1975. Jaillot. Recherches critiques, historiques et topographes sur la ville de Paris depuis ses commencements connus jusqu'à présent, avec le plan de chaque quartier. Paris, Lottin, aîné, 1772, 5 vol. in-8 veau marb.   100 fr.

Les plans de format in-fol. sont en dehors des volumes.

1976. Janin (Jules). Barnave. Paris. Levasseur, 1831. 4 vol. in 12, demi-veau. (Romagnesi).   6 fr.

1977. Joannis Cheki angli de pronuntiatione græcæ potissimum linguæ disputationes cum Stephano-Vuintioniensi. Basilæ per Nicol episcopium juniorem, 1555. — Adolphi Mekerchi Brugensis de veteri et recta pronuntiatione linguæ græcæ commentarius jam auctus et recognibus. Antverpiæ officina, Christophori Plantini, 1576. Ens. 1 vol. in-8, veau fauve (rel. anc.)   25 fr.

Aux armes de De Thou.

1978. Jouy (De). L'Hermite en Italie ou observations sur les mœurs et usages des Italiens au commencement du XIXe siècle. Paris, Pillet, 1824. 4 vol. pet. in-8, veau. 10 fr.

Nombreuses figures à mi-page aux fins de chapitre.

1979. Julien (Stanislas). Le livre des récompenses et des peines en chinois et en français. Paris, Imp. de Crapelet, 1835, in-8 cart., n. rog.   7 fr.

1980. Kraft (J. Ch.). Recueil d'architecture civile, conten. les plans, coupes et élévations des châteaux, maisons de campagne et habitations rurales, jardins anglais, etc., situés aux environs de Paris et dans les départem. voisins, avec les décorations intérieures, etc., Paris, 1812, in-fol., demi rel.   45 fr.

120 pl. gravées.

1981. Lacepède (Comte de). La poétique de la musique. Paris, imprimerie de Monsieur 1785. 2 vol. in-8, maroq. rouge, dos orné, fil. tr. dor. (rel. ancienne.)   100 fr.

Bel exemplaire aux armes de Madame Victoire de France ! forte piqûre de vers dans la marge.

1982. Lacroix (E.). Dictionnaire industriel à l'usage de tout le monde. Paris, Lacroix, s. d., 2 vol. in-8, fig., cart.   8 fr.

Publié à 22 fr.

1983. Lafontaine. Fables. Paris, de l'imprimerie de Didot l'aîné, 1781. 2 vol. in-18 br.   10 fr.

Imprimé pour le Comte d'Artois,

Et de Livres anciens et modernes

1984. **La Fontaine**. Fables. Paris, Imp. Didot, 1813, 2 vol. port., pet. in-8, mar. viol., fil., dent. int., tr. dor., dos orné. (Masson-Debonnelle).
50 fr.

Bel exemplaire.

1985. **Lafontaine**. Figures des Contes de la Fontaine, gravées par Martial, d'après les dessins de Fragonard. Paris Rouquette, in-fol. en feuilles.
100 fr.

Suite de 57 figures, 3ᵉ état à la pointe sèche.

1986. **Lafontaine**. Fables. Paris, Furne, 1843, 2 vol. in-8, demi-rel., mar. rouge avec coins. 15 fr.

Nombreuses illustrations par Grandville.

1987. **La Fontaine**. Fables. Paris, Garnier, 1859, gr. in-8, vélin blanc, tr. jasp. 12 fr.

Illustrations de Grandville.

1988. **Lafontaine**. Fables. Paris, Hachette, 1878, in-fol., cart. de l'éditeur. 20 fr.

Illustrations de G. Doré.

1989. **La Fontaine**. Les amours de Psyché et de Cupidon suivi du poëme d'Adonis par le même. Paris, Pierre Auboüin, 1708, in-12 veau. 3 fr.

1990. **Lamorillière** (Raoul de). Les bordelaises partout. Bordeaux. Août 1854, in-12, br. 1 fr.

1991. **La Rochefoucauld** (De). Mémoires. Paris, Lévy, 1861, 14 vol. in-8, demi-veau fauve, n. rog. 80 fr.

Exemplaire sur papier de Hollande.

1992. **Laugier** et **Carpentier**. Vie anecdotique de Louis-Philippe, roi des Français. Paris, Guiraudet, 1837, gr. in-8, demi-veau. 8 fr.

Portrait et nombreuses gravures sur Chine.

1993. **Lauzun**. Le Duc de Lauzun, par Madame de S... Y., née de W... N. Paris, Maradan, 1807, 2 part. en 1 vol. in-12 veau. 3 fr.

1994. **Lavallée** (Th.) Histoire de Paris depuis le temps des Gaulois jusqu'en 1850. Paris, Hetzel, 1852, gr. in-8, demi-rel. chag. rouge, pl., toile, tr. dor. 8 fr.

Nombreuses figures par Champin.

1995. **Lebey de Batilly** (Denys). Traité de l'origine des anciens assassins porte-couteaux. A Lyon, pour Vincent Vespaze, 1603, in-8, mar. bleu, dos orné, fil., tr. dor. (Bauzonnet-Trautz.) 70 fr.

Exemplaire de la bibliothèque Yéméniz.

1996. **Lecocq** (H.) Le Mont-Dore et ses environs. Clermont - Ferrand, 1844, in-8, br. fig. 2 fr.

1997. **Lefèvre** (Emile). Etudes artistiques et littéraires. Anvers, 1881-1882, gr. in-8 broché. 8 fr.

Ouvrage tiré à 35 exempl., nombreuses gravures tirées en phototypie. Envoi d'auteur.

1998. **Lehmann**. Galerie des fêtes de l'hôtel de ville de Paris, peintures murales exécutées par H. Lehmann en 1853, détruites par l'incendie en 1871. 28 planches in-fol. gravées d'après les cartons et sous la direction de l'auteur par MM. Levasseur, Daugnin, Morse et Dubouchet. Ouvrage complet avec titre et table. 50 fr.

1999. **Le Laboureur** (Louis). Charlemagne, poëme héroïque à son altesse sérénissime Monseigneur le Prince. Paris, chez Louis Billaine, 1566, in-8 veau. 2 fr.

2000. **Lemercier de Neuville**. Nouveau théâtre des Pupazzi. Paris, 1882, in-12 br., fig. 4 fr.

1ʳᵉ Edition.

2001. **Lemoyne** (Pierre). Saint Louis ou la Sainte Couronne reconquise, poëme héroïque. Paris, A Courbé, 1658, in-12 veau. 5 fr.

Frontispice et figures de Chauveau.

2002. **Léonard**. OEuvres. Paris, Prault, 1787, 2 vol. in-12, veau, tr. dor. 4 fr.

8 figures de Coiny.

2003. **Le Petit** (J.). Bibliographie des principales éditions originales d'écrivains français du XVᵉ au XVIIIᵉ siècle. Paris, Quantin, 1888, gr. in-8 br. n. rog. 18 fr.

2004. **Lerminier**. Au-delà du Rhin, ou tableau politique et philosophique de l'Allemagne depuis Madame de Staël jusqu'à nos jours. Paris, V. Magen, 1836, 2 vol. in-8, br., couv., piqûres. 4 fr.

2005. **Le Rouge**. Recueil des sièges et batailles pour servir à l'histoire des guerres de 1741. Paris, chez Le Rouge, 1754, in-fol. cart., front. gravé. 20 fr.

28 cartes gravées.

2006. **Le Sage**. Histoire de Gil Blas de Santillanne avec une notice sur la vie et les ouvrages de Lesage par Eloi Johanneau. Paris, Dalibon, 1829,

Achat de Bibliothèques

5 vol in-12 demi-veau olive, ébarbés.
7 fr.

2007. Le Sage. Histoire de Gil Blas de Santillane. Lazirelle de Tormés. Paris, Dubochet, 1846, gr. in-8, dem. rel. chag. rouge. 10 fr.

Edition illustrée par J. Gigoux.

2008. Lescure (De). Marie-Antoinette et sa famille d'après les nouveaux documents. Paris, Eug. Ducrocq. S. D., gr. in-8, demi-rel. chag. rouge, plats toile, tr. dor, 8 fr.

Ouvrage illustré de 10 gravures sur acier par G. Staal.

2009. Lesur. Annuaire historique ou histoire politique et littéraire de 1818 à 1854, 36 vol. in-8, demi-rel. veau fauve. 60 fr.

2010. Lettres choisies de feu M. Guy Patin dans lesquelles sont contenues plusieurs particularitez historiques sur la vie et la mort des sçavans de ce siècle sur leurs écrits et plusieurs autres choses curieuses depuis l'an 1645 jusqu'en 1672. A La Haye, 1715, 3 vol. in-12 veau. 5 fr.

2011. Lettres du maréchal de Saint-Arnaud. Paris, Lévy, 1855, 2 vol. demi-rel. chag. bleu. 7 fr.

2012. Lhéritier (Mademoiselle). Le triomphe de Madame Des-Houlières, recue dixième muse au Parnasse, dédié à Mademoiselle de Scuderi. Paris. Cl. Mazuel, 1694, in-12, maroq. bleu jans. dent. int., tr. dor. (Brany). 12 fr.

Très joli opuscule de 24 pages.

2013. Ligny (Le Père de). Histoire de la vie de Notre Seigneur Jésus-Christ depuis son incarnation jusqu'à son ascension ; dans laquelle on a conservé et distingué les paroles du texte sacré selon la vulgate. Paris, 1853, 2 vol. in-8, br. 2 fr.

2014. Livre (Le). Revue mensuelle. Bibliographie ancienne et moderne, de l'origine 1880 à 1888 inclus. Paris, Quantin, 18 vol. gr. in-8, demi-perc. avec coins, cart. bradel, n. rog., couv. 160 fr.

Très bel exemplaire.

2015. Livre-Journal de Lazare Duvaux, marchand-bijoutier ordinaire du roy 1748-1758. Paris, pour la Société des Bibliophiles françois, 1873, 2 vol. in-8 br. (pap. de Holl.) 30 fr.

2016. Loève-Veimars. Le Népenthès, contes, nouvelles et critiques. Paris, Ladvocat, 1833, 2 vol. in-8, br., n. rog. 3 fr.

2017. Longus. Les pastorales ou Daphnis et Chloé, traduction de Messire J. Amyot, revue, corrigée, complétée par P. L. Courier, notice par A. France. Paris, A Lemerre, 1879, in-8 br. 15 fr.

On a ajouté la suite de Boilvin.

2018. Lorris (Guillaume de) et **Jean de Meung.** Ou les

CY EST LE ROMMANT DE LA ROZE
Ou tout lart damour est enclose
Hystoire et auctoritez
Et maintz beaulx propos usitez
. . . .

vend a Paris..., en la boutique de Galliot du Pré, mil VC.xxxi (1531), pet. in-fol. goth. à 2 col. fig. sur bois, marque de Galliot du Pré sur le dernier feuillet blanc, vélin blanc. 250 fr.

Cachet sur le titre.

2019. Lorris (Guillaume) et **Jean de Meung.** Sensuyt le Rom | mant de la Rose | aultrement dit le | Songe vergier. (A la fin :) ([Cy finist le Rommant de la Rose, nouvellemet | imprimé a Paris pour Alai Lotrian demou | rant en la rue neutve nostre Dame a l'enseigne | de lescu de France, s. d., in-4 goth. à 2 col., fig. sur bois, mar. vert, fil et comp. à la Du Seuil, milieu doré, dent. int., tr. (Allô). 125 fr.

Le haut du titre est raccommodé et 2 lignes sont refaites.

2020. Louandre, (Ch). Les arts somptuaires. Histoire du costume et de l'ameublement sous la direction de Hangard-Maugé, dessins de Cl. Ciappore, introduction générale et texte explicatif par Ch. Loandre, Paris, 1857, 2 vol de texte reliés en 1 vol. et 2 atlas de pl. Ens. 3 vol. in-4, dem. rel. chag. rouge, tête dor. n. rog. 175 fr.

Bel exemplaire.

2021. Lucrèce. Di Tito Lucrezio Caro della natura delle cose libri sei, tradotti dal latino in Italiano da Alessandro Marchetti. In Amsterdamo (Paris), 1754, 2 vol. in-8, fig., mar. rouge, fil., tr. dor., dos orné, (reliure ancienne). 250 fr.

Très bel exemplaire en grand papier, d'une fraicheur extraordinaire. Cet ouvrage est illustré de 2 front., dessinés par Eisen, gravés par Le Mire : de 2 titres dessinés et gravés par les mêmes artistes : de 6 figures dessinées par Cochin et Le Lorrain, gravées par Le Mire, Sornique, Aliamet, Tardieu, de 7 en-tête dessinés par Cochin et Eisen, gravés par Le Mire, Chenu, Baquoy, etc.

— Le même. 2 vol. in-8, veau marb.

Et de Livres anciens et modernes

antique, dos orné, fil. tr. dor. 75 fr.

Bel exemplaire.

2022. Ludinghausen (Von). L'armée Prussienne, son organisation, ses différents services. Paris, 1868, gr. in-8 br. **2 fr.**

2023. Mandrillon. Mémoires pour servir à l'histoire de la Révolution des provinces-unies. Paris, Barrois, 1791, in-8 br. **2 fr.**

2024. Mangin (A.) Mémoire sur la fortification polygonale construite en Allemagne depuis 1815. Paris, Dumaine, 1851, in-8, demi-maroq. rouge, tr. jasp. **3 fr.**

4 planches.

2025. Manne (de). Nouveau dictionnaire des ouvrages anonymes et pseudonymes, avec les noms des auteurs ou éditeurs, accompagné de notes historiques et critiques, 3e édition, revue, corrigée et très augmentée. Lyon, Scheuring, 1868, in-8 br. **4 fr.**

Exemplaire en gr. papier vélin.

2026. Mantz (Paul). Hans Holbein. Dessins et gravures sous la direction de M. E. Lièvre. Paris, A Quantin, 1879, in fol. en feuilles dans le cart. de l'éditeur. **75 fr.**

Exemplaire sur papier de Hollande, contenant 28 gravures hors texte et 49 planches avec plus de 300 sujets.

2027. Marchand. Mon radotage et celui des autres. A. Bagatelle, 1759, in-8, veau, tr. rouges. **3 fr.**

2028. Marco de Saint - Hilaire. Histoire populaire anecdotique et pittoresque de Napoléon et de la Grande Armée. Paris Kugelmann, 1843, gr. in-8, demi-rel. veau bleu. **12 fr.**

Nombreuses figures dans le texte et hors texte.

2029. Marques d'honneur (Les) de la maison de Tassis. A Anvers, de l'imprimerie Plantinienne, 1645, in-fol, vélin blanc. **50 fr.**

Nombreux blasons et planches se dépliant.
Bel exemplaire.

2030. Martial. Ancien Paris. 200 Eaux fortes. Paris, 1843-1866, 2 vol. in-fol. n. rog. **150 fr.**

Ces eaux-fortes donnent une idée de l'état de Paris un peu avant et pendant cette période.

2031. Martin (Henri). Histoire de France depuis les temps les plus reculés jusqu'en 1789, 4e édition. Paris, Furne, 1865, 17 vol. demi-rel. chag. rouge. **45 fr.**

2032. Mélanges de littérature et d'histoire recueillis et publiés par la Société des bibliophiles françois. Notice sur Mr Le Roux de Lincy. = Note sur le plan de Gomboust. — Une entrevue de mariage sous Louis XIV. — Les salons de Paris vers la fin du règne de Louis XIV. — Le fauconnier parfait ou méthode pour dresser et faire voler les oiseaux par De Boissoudan. — Mémoire sur le vin de Champagne. Paris, 1867-1877, 2 vol. in-8, br., papier vergé. **10 fr.**

2033. Mémoire pour Pierre-Joseph Hodouin sieur de la Touche, appelant, tant comme de juge incompétent nullité qu'autrement contre Charles Guillaume de la Cornilbere, intime et de sa part appellant de sentence rendue en la juridiction de Brehant le 16 juillet 1750 et demandeur par requête du 28 mars 1752; suivi d'un deuxième mémoire du même contre même. Ensemble un vol in-fol. veau. **4 fr.**

2034. Mémoires du comte de Guiche, concernant les provinces unies des Pays-Bas. A Utrecht, Vander AA, 1744, 2 vol. in-12 veau. **4 fr.**

2035. Mémoires du comte de Forbin, chef d'escadre, chevalier de l'ordre de Saint-Louis. Amsterdam, chez Fr. Girardi, 1758, 2 vol. in-8, veau marb., tr. rouges. **4 fr.**

2036. Mémoires de Monsieur Du Guay-Trouin. A Amsterdam, chez Pierre Mortier, 1748, in-12 veau, port. **3 fr.**

Plans et gravures.

2037. Mémoires pour servir à l'histoire de la maison de Condé. Paris, 1820, 2 vol. in-8, veau. **5 fr.**

Portraits et nombreuses lettres fac-similé.

2038. Menestrier. La nouvelle méthode raisonnée du blason pour l'apprendre d'une manière aisée. Lyon, Bruyset, 1734, in-12, veau marb. **6 fr.**

Nombreuses planches de blasons.

2039. Meneval (Le Bon) Napoléon et Marie-Louise, souvenirs historiques. Amyot, 1844, 3 vol. in-12, demi-veau vert, dos orné. **8 fr.**

2040. Metz. Campagne et négociations par un officier supérieur de l'armée du Rhin. Paris, Dumaine, 1872, in-8 br. carte. **2 fr. 50**

2041. Michel et **E. Fournier.** Livre d'or des métiers. Histoire des hôtelleries, cabarets, hôtels garnis, restaurants et cafés et des anciennes communautés et confréries d'hôteliers, de marchands de vin, de restaurateurs, de limonadiers. Paris, 1831, 2 vol. gr. in-8, demi-rel. chag. viol.. dos orné.   25 fr.

Contenant 31 planches coloriées.

2042. **Michelet**. Histoire de la Révolution française . Paris , Marpon , 1879, 9 vol. in-12, demi-mar. lavall. tête jasp., n. rog.   12 fr.

Les 9 premiers volumes. Le titre du tome 9 manque.

2043. **Michelet**. Tableau chronologique de l'histoire moderne, depuis la prise de Constantinople par les Turcs, jusqu'à la Révolution, 1453-1789, Paris, Colas, 1826, in-8 br. 2 fr.

2044. **Mignard**. Le Roman en vers de très excellent, puissant et noble homme Girart de Rossillon. Paris. Techener, 1858, in-8, br.   8 fr.

Nombreuses figures noires et coloriées.

2045. **Milbert**. Itinéraire pittoresque du fleuve Hudson et des parties latérales de l'Amérique du Nord. Paris, Gaugain, 1828-1829. 2 vol. in-4 brochés et atlas oblong.   15 fr.

50 belles planches sur chine, lithographies et une carte.

2046. **Milleville** (de). Armorial historique de la noblesse de France. Paris, Amyot, 1845, in-4, demi-veau bleu avec coins.   15 fr.

Frontispice gravé et nombreux blasons dans le texte.

2047. **Moine sécularisé** (Le), augmenté de nouveau de la vie des moines. A. Villefranche. chez Jean le Grand. S. D., in-12, veau, tr. dor. (Simier).   8 fr.

2048. **Mœurs** (Les). S. L. 1748, in-4, mar. rouge ancien, fil., tr. dor., dos orné.   130 fr.

Vignette sur le titre. Frontispice remonté.
Très bel exemplaire en grand papier, en reliure ancienne d'une grande fraîcheur.

2049. **Monacologie**. Paris. Paulin, 1844, in-12, demi-mar. lavall. tr. Jasp.   2 fr.

Figures sur bois.

2050. **Monbron** (de). Le Cosmopolite Paris chez les marchands de nouveautés, an VI. — Paris en miniature, d'après les dessins d'un nouvel argus. Amsterdam. 1784, Ensemble 1 vol. in-12, demi-rel.   4 fr.

Une très curieuse figure coloriée.

2051. **Montesquiou** (Le Comte An.) Chants divers. Paris, Amyot, 1843, 2 vol. in-8 br.   5 fr.

2052. **Montigny**. Les Aventures de Garnison. Paris, 1824, 2 tomes en 1 vol. in-12, dem. rel., veau.   4 fr.

Aventures galantes.

2053. **Morand** (Fr. Les jeunes années de C.-A. Sainte-Beuve. Paris, Didier, 1872, in-8 br.   2 fr.

2054. **Moutié**. Cartulaire de l'abbaye de Notre-Dame de la Roche, de l'ordre de Saint-Augustin au diocèse de Paris, d'après le manuscrit original de la bibliothèque impériale. Paris. 1862, in-4 broché et atlas de 48 planches in-folio, n. rognés.   15 fr.

2055. **Musset** (A. de). Nouvelles. Frédéric et Bernerette. Les Deux maîtresses. Emmeline. Le fils du Titien. Pierre et Camille. Paris, L. Conquet, 1887 ; in-8. mar. bleu, dos orné, tête dor. non rog.   85 fr.

Illustré d'un portrait d'Alfred de Musset, gravé par Burney, et de 5 grandes compositions de François Flameng, gravées à l'eau-forte par Mordant. Très bel exemplaire en grand papier vélin auquel on a joint la figure refusée pour Emmeline dessinée par Flameng et gravée par Mordant.

2056. **Napoléon** et la conquête du monde, 1812 à 1832. Paris, Delloye, 1836, in-8 br.   2 fr.

2057. **Necker**. De l'administration des finances de la France. S. l. n. d., 1784, 3 vol. in-8, veau.   8 fr.

2058. **Nicolas** (Auguste). Etudes philosophiques sur le christianisme. 3e édition, Paris, A. Vaton, 1848, 4 vol. in-12, br.   6 fr.

2059. **Nicolle** Henri. Le château de Maisons, son histoire et celle des principaux personnages qui l'ont possédé. Paris, Ledoyen, 1858, in-8, demi-mar. rouge.   3 fr.

Envoi autographe de l'auteur.

2060. **Nogaret**. Apologues et nouveaux contes en vers, Orléans, 1814, 2 vol. in-12, demi-rel.   3 fr.

2061. **Nouveaux Saints** (Les). 5e édition augmentée d'observations sur le projet d'un nouveau dictionnaire de la langue françoise, et sur le dictionnaire de l'Académie. Paris, Dabin, 1801, in-18, demi-chag. vert, n. rog.   2 fr.

2062. **Offrandes** des muses Allemandes aux Français. S. L. n, d. (1820), in-12 oblong. car:.   3 fr.

Jolie figure pliée. 1er opuscule.

Et de Livres anciens et modernes

2063. Ovide. Les épitres et toutes les éloges amoureuses traduites en vers françois, Paris, Cl. Audinet, 1676. pièces choisies d'Ovide traduites en vers français par T. Corneille. Paris, Cl. Barbin, 1680, ensemble 1 vol. in-12, maroq. rouge, fil. dent. int., tr. dor.   8 fr.

Ouvrage rare.

2064. Paradin. Historiarum mémorabilium ex Genesi descriptio, per Gulielmum Paradinum. — Historiarum memorabilium ex Exodo, séquentibusq3 libris descriptio. per Gulielmum Borluyt. Lugdini, apud Joan. Tornaesium, 1558, in-8, fig. du Petit Bernard à mi-page, mar. r., fil. à fr., dent. int., tr. dor. (Duru). 150 fr.

Très bel exemplaire avec de belles épreuves des figures de Bernard Salomon.

Hauteur : 170 mill.

2065. Paraphrase de l'Astrolabe, contenant les principes de géométrie, La sphère. L'astrolabe, ou, déclaracion des choses celestes. Le Miroir du Monde, ou, exposicion des parties de la terre. Revue et corrigée par Jaques Bas entin Escossois, avec une amplificacion de l'usage de l'astrolabe par luimesme aioutée . A Lyon, par Jan de Tournes, 1555, in-8 mar. vert jans. dent. int., tr. dor. (Duru).   80 fr.

Figures sur bois.

2066. Parfaict (Les frères). Histoire du théâtre françois depuis son origine jusqu'à présent : avec la vie des plus célèbres poëtes dramatiques, des extraits exacts et un catalogue raisonné de leurs pièces accompagnés de notes historiques et critiques par les frères François et Claude Parfaict. Amsterdam, aux dépens de la Compagnie et Paris, Lemercier, 1735-49, 15 vol. in-12, veau   70 fr.

Ouvrage estimé et curieux, qui est devenu de toute rareté.

2067. Parival (de). Abrégé de l'histoire de ce siècle de fer contenant les misères et calamitez des derniers temps avec leurs causes et prétextes, jusques au couronnement du roy des Romains Ferdinand IV fait vers la fin de l'esté de l'an mil six cens cinquante - trois. Sur l'imprimé à Leyde, 1654, fort. in-8, vélin. 2 fr. 50

2068. Parnasse satyrique (Le) du sieur Théophile avec le recueil des plus excellens vers satyriques de ce temps. Gand et Paris, Claudin, 1861,

2 vol. in-12, demi-rel. veau fauve, dos orné, tête dor., n. rog.   40 fr.

2069 Pellico (Silvio). Mes prisons suivies du discours sur les devoirs des hommes, traduction de M. Ant. de Latour. Paris, Charpentier, 1843, gr. in-8, demi-rel. chag., tr. dor.   10 fr.

Edition illustrée par Tony Johannot.

2070. Percier et Fontaine. Palais, maisons et autres édifices modernes. dessinés à Rome, publiés à Paris, l'an VI. Paris, Ducamp, s. d., in-fol., pl. cart.   45 fr.

100 planches.

2071. Pezron (Paul). L'antiquité des temps retablie et défendue contre les juifs et les nouveaux chronologistes. A Amsterdam, 1687, in-12, veau.   3 fr.

2072. Pilliers (Pierre des). La cour de Rome et les trois derniers évêques de Saint - Claude, Chambéry, 1887. in-8 br.   2 fr.

2073. Plaisirs (les) de l'île enchantée ou les festes et divertissements du roy à Versailles, divisez en 3 journées et commencez le septième jour de may 1664 (10 pl.). Carrousel par J. Silvestre, suivies de 9 pl. intérieures par Le Pautre, in-fol. obl. cart.   150 fr.

19 planches.

2074. Portal (F. de). Politique des lois civiles ou sciences des législations comparées. Paris, Durand, in-8, br.   2 fr. 50

Tome 1er seul. Envoi autographe.

2075. Portal. Les descendants des Albigeois et des Huguenots ou mémoires de la famille de Portal. Paris, Meyruels, 1860. in-8 br.   2 fr. 50

2076. Portalis (Bon Roger) Les dessinateurs d'illustrations au dix huitième siècle. Paris, Morgand, 1877, 2 vol. gr. in-8 br., n. rog.   50 fr.

Un des 50 exemplaires tirés sur papier Whatmann, publié à 80 francs, n° 10. On a ajouté 14 portraits.

2077. Portalis et H. Béraldi. Les graveurs du dix-huitième siècle. Paris, Morgand, 1880-1882, 3 vol. in-8 br.   50 fr.

Exemplaire sur papier de Hollande. Publié à 90 fr.

2078. Prévost (l'abbé). Histoire de Manon Lescaut et du chevalier des Grieux. Paris, Didot l'aîné, 1797, 2 vol. in-18, mar. rouge, dent. sur les plats, dos orné, tr. dor. (Rel. anc.). 50 fr.

Achat de Bibliothèques

8 figures charmantes par Lefèvre, gravées par Coiny.

2079. Promenade ou Itinéraire des Jardins d'Ermenonville, auquel on a joint 25 de leurs principales vues, gravées par Merigot fils. Paris, 1811, in-8, port. et fig., demi-rel.   35 fr.

2080. Proudhon (P. J.). De la Justice dans la Révolution et dans l'Église. Bruxelles, 1860, 12 vol. pet. in-8 br.   5 fr.

2081. Prudhomme. Miroir historique, politique et critique de l'ancien et du nouveau Paris et du département de la Seine. Paris, 1807, 6 vol. in-12, demi-veau.   6 fr.

Orné de 116 figures.

2082. Prudhomme. Révolutions de Paris, dédiées à la nation et au district des Petits-Augustins. Publiées par le sieur Prudhomme à l'époque du 12 juillet 1789. Paris, 1789-93, 17 vol. in-8, veau.   50 fr.

2083. Quinault. La Mere coquette, ou les Amans broüillez. Comédie par Monsieur Quinault. A Paris, chez Guillaume de Luynes, 1666. In-12, mar. rouge, fil., dos orné, dent. int., tr. dor. (Trautz-Bauzonnet).   35 fr.

Seconde édition originale. Hauteur : 147 millimètres.

2084. Racine. Œuvres de Racine. Paris, Cl. Barbin. 1676, 2 vol. in-12, frontispices gravés et fig. de Chauveau, mar. bleu jans., doublés de mar. rouge, fil., large dent. à petits fers, tr. dor. (Chambolle-Duru).   500 fr.

Première édition originale à pagination continue des œuvres de Racine. — Exemplaire de premier tirage, conforme à la description du catalogue Rochebilière. Il ne contient pas et ne doit pas contenir la « Phèbre », qui n'est pas énoncée dans la nomenclature des pièces au verso du titre et qui n'a été imprimée en 74 pages avec un faux-titre qu'après coup pour être jointe aux derniers exemplaires restant dans les magasins de Barbin. Les exemplaires de premier tirage, comme le nôtre, se reconnaissent à la particularité suivante [Page 153, la lettre majuscule I qui commence la préface est placée au milieu d'un petit écusson formé de deux branches de laurier ; l'écusson est placé à l'envers, la base en l'air dans le premier tirage, tandis qu'il est remis à l'endroit dans tous les exemplaires de second tirage auxquels la « Phèdre » a été ajoutée.

2085. Ramée (Daniel). Manuel de l'histoire générale de l'architecture, chez tous les peuples et particulièrement de l'architecture en France. Paris,

Paulin, 1843, 2 vol. in-12, demi-veau figures.   5 fr.

2086. Recueil de pièces sur l'affaire du collier, 2 vol. in-4, demi-rel. veau.   18 fr.

2087. Réflexions sur la force des préjugés. — Les pensées de L. D. M. sur le nombre des éleus, 98 pp. Londres, 1680 Ens. 2 opuscules de 68 et 98 pp. en 1 vol. in-24, mar. vert, fil., dent. int., tr. dor. (Derome).   25 fr.

2088. Restif de la Bretonne. Les nuits de Paris, ou le spectateur nocturne. Londres, 1788-94, 16 vol. in-12, fig., demi-rel. veau rose, n. rog.   120 fr.

Exemplaire relié sur brochure, non rog. Il est rare de trouver les 16 parties réunies. L'exemplaire ne renferme que 17 figures.

2089. Restif de la Bretonne. Les Veillées du Marais, ou histoire du grand prince Oribeau, roi de Mommoine, ou pays d'Evrailand, et de la vertueuse princesse Oribelle de Lagenie. Imprimé à Waterford, capitale de Mommonerie, 1785, 4 vol. in-12, mar. rouge, fil., dent. int., tête dor., non rog., dos orné. (Belz-Niédrée). 120 fr.

Très bel exemplaire complètement non rogné.

2090. Restif de la Bretonne. L'école des pères. En France. 1776, 2 vol. pet. in-8, demi-rel. mar. violet, coins, tête dor., non rog. (Petit Simier).   25 fr.

Très rare. Bel exemplaire.

2091. Restif de la Bretonne. Le Pornographe ou idées d'un honnête homme sur un projet de règlement pour les prostituées, propre à prévenir les malheurs qu'occasionne le publicisme des femmes, avec des notes historiques et justificatives et une étude critique du Dr Mireur, de Marseille. Bruxelles, Gay, 1879, in-8 br. Au lieu de 10 fr.   5 fr.

Frontispice sur Chine, gravé à l'eau-forte par Chauvet.

2092. Restif de la Bretonne. Monsieur Nicolas, ou le Cœur humain dévoilé. Memoires intimes. Réimprimé sur l'édition unique et rarissime publiée par Restif en 1796. Paris, Liseux, 1883, 14 vol. in-8, brochés. Publié à 120 fr.   50 fr.

2093. Restif de la Bretonne. La Famille vertueuse, lettres traduites de l'anglais. A Paris, chez la veuve Duchesne, 1767, 4 vol. in-12, mar.

Et de Livres anciens et modernes

rouge, fil., dos ornés, dent. int., tr. dor. (Chambolle-Duru). 150 fr.

Très bel exemplaire.

2094. **Reybaud** (L.). Jérôme Paturot à la recherche d'une position sociale. Paris, J. Dubochet. 1846, gr. in-8, demi-rel. chag. rouge. 10 fr.

Nombreuses illustrations par Grand-ville.

2095. **Reynald** (H.). Histoire politique et littéraire de la Restauration Paris, Hetzel, 1863, in-8 br. 3 fr.

2096. **Reynardson** (Birch). Sports and Anecdotes of Bygone days, in England, Scotland, Ireland, Italy and the Sunny South, by Birch Reynardson. London, Chapman and Hall, 1887, in-8, front. et pl. en chromolithogr. cart., perc. grenat, non rog. 8 fr.

2097. **Robillard-Péronville**. Musée français ou collection complète des tableaux, statues et bas-reliefs qui composent la collection nationale avec l'explication des sujets et des discours sur la peintures, la sculpture et la gravure. Paris, 1803-1811, in-fol., demi-rel. chag. rouge. 50 fr.

Tome IV seulement.

2098. **Rouen pittoresque**. 40 dessins par Maxime Lalanne, texte par Allais, Ch. de Beaurepaire, Dubosc, Félix, Hédon, H. de Lapommeraye. Rouen, Augé, 1886, in-4, pl. en 5 livraisons. 50 fr.

Un des 50 exemplaires sur papier du Japon, avec les planches en trois états.

2099. **Ruble** (le Bon D. de). Le traité de Cateau-Cambrésis, 2 et 3 avril 1559. Paris, Labitte, E. Paul, 1889, in-8 br. 5 fr.

2100. **Ruprich - Robert**. L'Eglise Sainte-Trinité et l'Eglise Saint-Etienne à Caen. Caen, 1864, in-8 br. 1 fr. 50

Envoi autographe de l'auteur.

2101. **Sainctes** (Claude de). Discours sur le saccagement des églises catholiques, par les hérétiques anciens et nouveaux calvinistes, en l'an 1562, plus de l'ancien naturel des françoys en la religion chrétienne. A Monseigneur l'illustrissime cardinal de Lorraine. A Paris, chez Cl. Fremy, en la rue Saint-Jacques, à l'enseigne Sainct-Martin, avec privilège, 1567, pet. in-8 dérelié, tr. dor. 30 fr.

Ouvrage d'une très grande rareté. Exemplaire entièrement réglé, très bien conservé.

2102. **Saint-Foix**. Essais historiqnes sur Paris. Paris, veuve Duchesne, 1776, 6 tomes en 3 vol. in-12, veau marb. 15 fr.

◆ 2103. **Sainte-Beuve**. Le comte de Clermont et sa cour. Etude historique et critique. Paris, Jouaust, 1868, in-12 br. 4 fr.

Ce volume forme le tome 3 de l'ouvrage et est devenu rare.

2104. **Salmigondis** (le) contes de toutes les coulisses. Paris, Fournier, 1832, 8 vol. in-8, demi-veau gris avec coins. 40 fr.

Titre du tome 7 est déchiré.

2105. **Salvandy** (de). Don Alonzo ou l'Espagne. Histoire contemporaine. Paris, Baudouin, 1824, 4 vol. gr. in-8, cart. n. rog. 10 fr.

2106. **Sandeau** (Jules). La Chasse au Roman. Paris, Charpentier, 1883, in-32 br. 4 fr.

Deux dessins de Ch. Nielsenn. Exemplaire sur papier Hollande.

2107. **Sanson** (N.). In Pharum galliæ antiquæ Philippi labbe Biturici et societatis Jesu sacerdotis disquisitiones geographieae Lutetiae Parisiororum, 1647, 2 tomes en 1 vol. in-12, veau. 5 fr.

2108. **Saulcy** (De). Les campagnes de Jules César, dans les Gaules. Paris, Didier, gr. in-8 br. 2 fr. 50

2 cartes.

2109. **Schell** (A. de). Les Opérations de la première armée sous les ordres du général de Gœben, d'après les pièces officielles du commandant en chef de la première armée. Paris, Dumaine, 1874, in-8 br. 2 fr.

5 cartes.

2110. **Schouwaloff** (le P.). Ma Conversion et ma vocation. Paris, Donniol, 1859, in-8 br. 2 fr. 50

2111. **Segrais** (De). Zayde. Histoire espagnole par M. de Segrais, avec un traité de l'origine des romans par M. Huet. Paris, Cie des libraires associés, 1764, 2 vol. in-18, veau écaille. 3 fr.

2112. **Shakspeare**. Œuvres complètes, traduction nouvelle par Benjamin Laroche. Paris, Librairie Théatrale, s. d., 2 tomes en 1 vol. gr. in-8, demi rel. chag. lavall. 10 fr.

Nombreuses figures.

2113. **Sobieski de Janina**. Théorie générale des reconnaissances militaires. Paris, Dumaine, 1851, in-8 br. 2 fr.

Cartes.

Achat de Bibliothèques

2114. **Soulié** (Frédéric). Le Lion Amoureux. Nouvelle édition. Illustré de
19 vignettes dessinées par Sahib et
gravées au burin par Nargeot. Avec
une notice historique et littéraire par
Ludovic Halévy. Paris, L. Conquet,
1882 ; in-18, már. r., tr. dor., couv.
imp.   90 fr.

> Un des 350 exemplaires numérotés
> sur papier de Hollande.

> Illustré de 1 frontispice et 18 vignettes.
> Bel exemplaire avec le prospectus con-
> tenant une vignette non reproduite dans
> le volume. Epuisé, devenu très rare.

2115. **Souvenir d'Emmanuel**. Lyon,
imprimerie Perrin, 1861, gr. in-8 br.,
port.   4 fr.

2116. **Stafford's**. Engravings of the
most noble the marquis of Stafford's
collection of pictures in London,
arranged according to schools, and
in chronological order with remarks
on each picture. By William Yoing
Ottley, esq. F. S. A. the executive
partunder the mernagement of Peltro
William Tomkins esq. historical en-
graver to her Majesty. London. 1818,
4 vol. in-fol., demi-rel. avec coins,
n. rog.   150 fr.

> Bel exemplaire en grand papier, nom-
> breuses planches.

2117. **Suitte** (La) très-plaisante et
masquarades veuë en l'autre monde
par le capitaine Ramoneau, envoyé à
tous ces amys : Ensemble le remer-.
ciement a maistre Breton de sa cor-
nemuse pour ce canarval. S. l., 1619,
pet. in-8 de 15 pp., fig. en bois sur
le titre, mar. citron, dos orné, fil.,
dent. int., tr. dor. (Thompson).
                                     60 fr.

> Pièce facétieuse très rare.

2118. **Swift**. Voyages de Gulliver (traduit de l'anglais par l'abbé Desfon-
taines). Paris, imprimerie de P. Didot
l'aîné (se vend chez Bleuet), an V
(1797), 4 parties en 2 vol. in-12, front.
et fig., mar. bleu, fil., dos ornés, tr.
dor. (Duru).   240 fr.

> Exemplaire en grand papier vélin,
> avec les jolies figures de Lefebvre avant
> la lettre.

2119. **Taillefer**. Economie de la vie
humaine. A Paris, chez Batilliot, an
x, 1802, pet. in-8, cart.   2 fr.

2120. **Tamizey de Larroque** Les
guerres du règne de Louis XIII et de
la minorité de Louis XIV. Paris, Librairie de la Société bibliographique,
1883, 2 vol. in-12 br., port.   3 fr.

2121. **Tasse**. La Jérusalem délivrée,
traduction nouvelle et en prose, par

M. V. Philipon de La Madelaine. Paris, Mallet, 1841, gr. in-8, demi-
veau vert, tr. jasp., dos orné.   8 fr.

> Editon illustrée par M. M. Baron et
> C. Nanteuil.

2122. **Temple** (Le) des Muses orné de
LX tableaux où sont représentes les
antiquités fabuleuses, dessinés et
gravés par B. Picart, accompagnés
d'explications et de remarques par La
Barre de Beaumarchais. Amsterdam,
1733, in-fol., veau marbr., fil., tr.
dor.   75 fr.

2123. **Terrasson**. Sethos, histoire ou
vie tirée des monumens, anecdotes
de l'ancienne Egypte. Paris, Desaint,
1757, 2 vol. in-12, veau, dent. sur les
plats, dos orné, tr. dor., rel. anc.).
                                     5 fr.

> 2 cartes.

2124. **Texier** (Edmond). Histoire des
journaux. Biographie des journalistes
contenant l'histoire politique, litte-
raire, industrielle, pittoresque et
anecdotique de chaque journal publié
à Paris et la biographie de ses ré-
dacteurs par E. Texier. Paris, Pa-
gnerre, in-18, demi toile.   2 fr.

2125. **Theatrum** Mortis humanæ, cum
figuris æneis illustratum. Durch
Joannem Weichardum Valvasor Ge-
druckt zu Leybach, 1682, in.4, front.
et fig., mar. rouge jans., tr. dor.
(Petit).   280 fr.

> L'ouvrage est divisé en 3 parties, la
> 1re « Saltum Moris » est ornée de 54 fi-
> gures gravées sur cuivre d'après les
> compositions d'Holbein ; la 2e partie :
> « Varia gen.re Mortis » renferme 35 fi-
> gures dessinées par Jo. Koch ; la 3e par-
> tie : « Varia Tormenta Damnatorum »
> contient 31 figures de Jo. Koch. Toutes
> ces figures gravées sur cuivre par And.
> Trost sont comprises ans des encadre-
> ments avec fleurs. fruits, insectes, etc.

2126. **Thesaurus** graecae linguac.
Anno, 1572, excudebat Henr. Stepha-
uus, 5 tomes en 3 vol. in fol., vélin
blanc gauffré.   50 fr.

2127. **Thierry**. Nouveau manuel du
Chasseur, contenant des instructions
sur les armes, les chiens, et che-
vaux de chasse ; un traité de la
chasse à tir, à courre, aux pièges, fi-
lets, gluaux, etc. et un résumé de
lois et ordonnances. Paris, Huzard,
s. d., in-18 br.   3 fr.

> 12 gravures.

2128 **Thierry** (Amédée). Histoire des
Gaulois depuis les temps les plus reculés jusqu'à l'entière soumission de
la Gaule à la domination romaine,

4e édition augmentée. Paris, Didier, 1857, 2 vol. in-8 br. **4 fr.**

2129. **Thomas**. Un an à Rome et dans ses environs. Recueil de dessins lithographiés représentant les costumes, les usages et les cérémonies civiles et religieuses des Etats-Romains. Paris, F. Didot, 1830, in-fol., demi-rel. mar. vert. **35 fr.**

2130. **Tissot**. Avis au peuple sur sa santé. Paris, Didot jeune, 1767, 2 tomes en 1 vol. in-12, veau marb. **5 fr.**

2131. **Toland** (J.). Adéisidaemon, sive Titus livius a superstitione vindicatus annexae sunt origines judaicae. Hagae-Comitum, 1709, pet. in-8, mar. olive, fil., dos orné, tr. dor. (Rel. anc.). **20 fr.**

Aux armes de Rohan.

2132. **Tour du monde** (Le) nouveau journal des voyages, publié par E. Charton ; de l'origine 1860 à 1870 inclus, 21 vol. in-4 cart. percal. rouge, figures. **60 fr.**

2133. **Tractatus** de profectum religiosis a beato Bonaventura cōpōsitus. S. l. n. d. (Marque de Jehan Petit), petit in-8 gothique, mar. rouge, jans. tr. dor. (Duru et Chambolle). **30 fr.**

2134. **Tratado** de los derechos de la Reyna christianissima, sobre varios estados de la Monarquia de España. En Paris, de la emprenta real, 1667, in-12, mar. r jans., dent. int , tr. dor. (Trautz-Bauzonnet). **40 fr.**

2135. **Trousset** (J.). Nouveau dictionnaire encyclopédique universel illustré, répertoire des connaissances utiles. Paris, Librairie illustrée, 5 vol. in 4, cart. de l'éditeur. **65 fr.**

Ouvrage orné d'environ 3000 figures.

2136. **Turgot**. Plan de Paris, commencé, levé et dessiné par Bretez et gravé par Cl. Lucas, sous les ordres de Turgot. Paris, 1740, in-fol., veau marb., fil., dos et coins fleurdelysés, tr. dor. **125 fr.**

Bel exemplaire aux armes de la Ville de Paris.

2137. **Turpin**. La France illustre ou le Plutarque français. Paris, 1780-85, 4 vol. in-4, demi-mar. bleu, tête dor. n. rog. **40 fr.**

Nombreux portraits.

2138. **Turquety** (Edouard). Amour et Foi, 2e édition, augmenté de 4 nouvelles pièces. Paris et Rennes, 1835, in-8 br., n. rog **3 fr.**

2139. **Urfé** (Anne). Les Hymnes de messire Anne d'Urfé.... contenant cinq hymnes.... Lyon, Pierre Rigaud, 1608, in-4, mar. r. milieu doré, tr. dor. (Lortic). **225 fr.**

Ces poésies du frère d'Honoré d'Urfé sont très rares.

Bel exemplaire provenant de la bibliothèque Desq.

2140. **Vaissette**. Histoire générale de Languedoc, avec des notes et les pièces justificatives : composée sur les auteurs et les titres originaux, et enrichie de divers monuments. Paris, J. Vincent, 1730, 5 vol. in-fol. veau, fil., tr. marb., dos orné. **110 fr.**

Bon exemplaire.

2141. **Valentin-Smith**. De la statistique. Lyon, 1854, gr. in-8, demi-rel. mar. rouge. **2 fr.**

2142. **Valerii Martialis**. Epigrammale cum notis farnabii et variorum Lugd. Batavorum, 1661, in-8 veau, front. (Thouvenin). **5 fr.**

2143. **Vauban** (Mal de). Traité de l'attaque et de la defense des Places. Paris, Barrois et Jombert, 1769, 2 vol. in-8, demi-basane. **5 fr.**

Cet ouvrage contient 38 planches pliées en trois et 16 Tables concernant la force des garnisons.

2144. **Vecellio**. Degli habiti antichi et moderni di diverse parti del mondo libri due, fatti da Cesare Vecellio, et con discorsi da lui dichiarati. In Venetia, presso Damian Zenaro, M. D. XC. (1590), in-8, car. ital. fig. sur bois dans des entourages, mar. vert jans. dent. int. tr. dor. (Chambolle-Duru). **400 fr.**

Première et précieuse édition contenant 420 planches ; elle est fort rare.

Bel exemplaire.

Hauteur : 184 mill.

2145. **Velly-Villaret** et **Garnier**. Histoire de France depuis l'établissement de la monarchie jusqu'à Charles IX. Paris, Saillant et Nyon, 1770, 15 vol. in-4, veau marb., fil., dos orné. **45 fr.**

Nombreux portraits de Odieuvre.

2146. **Veneroni**. Fables choisies, traduites du françois en Italien par le sieur de Veneroni, maître des sudites langues à Paris ; et puis après en Allemand par M. Balthasar Nickisch maître de langue à Ausbourg. Le tout enrichi de figures à chaque fable, au profit et à la récréation de la jeunesse aimant les langues et les arts. A Ausbourg, chez Jeam Ulric Kraus, 1707, pet. in-4 mar. gren., fil.

Achat de Bibliothèques

dent. int. tr. dor., dos orné (Allô).
75 fr.

94 fables illustrées d'un frontispice et chacune d'une jolie figure. Armoiries sur les plats.

2147. Veneroni. Scielta di favole. Parigi, 1695, in-12, veau viol., tr. dor. (Purgold).   3 fr.

Très jolies figures gravées sur cuivre, frontispice remonté.

2148. Venuti (Rodulphino). Vetera monumenta quæ in hortis cœlimentams et œdibus Matthœorum ad servantur, collecta et notis illust. à Rod. Venutio et J. Chr. Amadutio. Romæ, 1779, 3 tomes en 1 vol. in-fol. demi-chag. rouge.   35 fr.

Très bel ouvrage avec près de 200 planches gravées.

2149. Vie Parisienne dirigée par M. Marcelin, de 1879 compris à 1884 inclus. Ensemble 6 années en livraisons   60 fr.

Publiées à 180 fr.

2150. Vignole. Règles des cinq ordres d'architecture par M. Jacques Barozio de Vignole, gravés par Le Pautre. S. l. n. d., petit in-8 vélin.   3 fr.

Frontispice, texte et planches entièrement gravés (la planche cxi manque) quelques mouillures.

2151. Viollet-le-Duc. Description et histoire du château de Pierrefonds. Paris, A. Morel, 1869, plaquette in 8, demi-veau avec coins.   2 fr.

2153. Virgile. L'Eneide di Virgilio del commendatore Annibal Caro. In Parigi, presso la Vedova Quillau. 1760, 2 vol. in-8 veau marb., dos orné.   15 fr.

2 portraits, 12 figures, 12 vignettes et 6 culs-de-lampe par Zocchi.

2154. Virgile. OEuvres, traduites en vers français par Tissot, et précédées de la vie de Virgile. Edition polyglotte. Paris et Lyon, 1838, gr. in-8, demi-rel. veau fauve.   10 fr.

2155. Vivant-Denon. Voyage dans la basse et haute Egypte, pendant les campagnes du général Bonaparte. Paris, Didot, 1802, 3 vol. in-12, demi-chag. rouge et atlas in-fol., demi-rel. fatiguée.   15 fr.

L'atlas contient le portrait de Denon et 110 planches.

2156. Voltaire. Le Philosophe ignorant. S. l., in-8, veau marbré.   5 fr.

2157. Voltaire. La Ligue, ou Henri le Grand, poème épique. Amsterdam,

Desbordes, 1724, mar. rouge, dent. int., tr. dor. (Hardy).   12 fr.

2158. Voltaire. Les Scythes, tragédie. Nouvelle édition, corrigée et augmentée sur celle de Genève. Paris, Lacombe, 1767, gr. in 8 mar. rouge, fil., dent. int., tr. dor., dos orné. (Belz-Niedrée).   30 fr.

Bel exemplaire, non rog. rempli de témoins.

2159. Voltaire. La princesse de Babilone. Londres, 1768, in-18 br., n. rog.   3 fr.

Edition originale.

2160. Voltaire. La Pucelle, poème en XXI chants avec les notes et les variantes. De l'imprimerie de la société littéraire typographique, 1789, 2 vol. in-12, demi-rel. mar. vert, coins, tête dor. n. rog.   10 fr.

On a joint 2 suites de figures.

2161. Voyages aventureux (Les) du capitaine Martin de Hoyarsabal, habitant de Cubiburu. Contenant les reigles et enseignements necessaires à la bonne et seure navigation. Reveu et corrigé en ceste dernière impression, et augmentée de la déclinaison du soleil qui a esté faite suivant la réformation du calendrier de l'an mil cinq cens quatre-vingt-deux. A Bourdeaux, par Guillaume Millanges, 1633, in-8, mar. La Vall. jans., dent. int., tr. dor. (Raparlier).   260 fr.

Volume rare.

2162. Vues de Paris et des environs. S. l. n. d., in-fol., demi rel. mar. brun, dos et coins.   1000 fr.

Curieux et important recueil contenant 88 planches gravées à la fin du xviii° siècle, et au commencement du xix°.
Il comprend : Nolin, vue générale de Paris, estampe en largeur.
Milcent. Vue de Paris prise du clocher de l'église de Chaillot.
Milcent. Vue de Paris prise de la terrasse du château de Meudon.
Lorieux. Vue de Paris prise de Meudon en 1810. Eau-forte.
Lorieux. Vue de Paris prise de Chaillot en 1820. Eau-forte.
L'Espinasse. Vue de Paris prise du pont Royal.
L'Espinasse. Vues du port aux blés et du port Saint-Paul. Epreuve en triple état, dont l'eau-forte.
Janinet et Demachy. Vue de Paris en regardant le Pont-Neuf. Pièce en couleur, épreuve en double état, l'une avant la lettre et les armes, l'autre avant la lettre mais avec les armes.
Vue de la porte Saint-Bernard, par Demachy, gr. par Descourtis. Pièce en couleur.
Vue du port Saint-Paul, par Demachy, gr. par Descourtis. Pièce en couleur.

Et de Livres anciens et modernes